明德并购重组前沿丛书

重大转折
并购失败中的教训

罗伯特·V.斯坦凡诺斯基（Robert V. Stefanowski） 著

李曜 译

MATERIAL ADVERSE CHANGE

LESSONS FROM FAILED M&As

上海财经大学出版社

图书在版编目(CIP)数据

重大转折:并购失败中的教训/(美)罗伯特·V.斯坦凡诺斯基(Robert V. Stefanowski)著;李曜译.—上海:上海财经大学出版社,2022.3
(明德并购重组前沿丛书)
书名原文:Material Adverse Change:Lessons from Failed M&As
ISBN 978-7-5642-3888-9/F·3888

Ⅰ.①重… Ⅱ.①罗…②李… Ⅲ.①企业兼并-研究 Ⅳ.①F271.4

中国版本图书馆 CIP 数据核字(2021)第 223323 号

图字:09-2021-0849 号

Material Adverse Change:Lessons from Failed M&As
Robert V. Stefanowski

Copyright © 2018 by Robert V. Stefanowski.

All Rights Reserved. This translation published under license with the original publisher John Wiley & Sons, Inc.

No part of this publication may be reproduced, stored in a retrieval system or transmitted in any form or by any means, electronic, mechanical, photocopying, recording, scanning or otherwise, except as permitted under Sections 107 or 108 of the 1976 United States Copyright Act, without the prior written permission of the Publisher.

Copies of this book sold without a Wiley sticker on the cover are unauthorized and illegal.

本书简体中文字版专有翻译出版权由 John Wiley & Sons, Inc. 公司授予上海财经大学出版社。未经许可,不得以任何手段和形式复制或抄袭本书内容。
本书封底贴有 Wiley 防伪标签,无标签者不得销售。

2022 年中文版专有出版权属上海财经大学出版社
版权所有 翻版必究

□ 责任编辑 刘 兵
□ 封面设计 贺加贝

重 大 转 折
——并购失败中的教训

罗伯特·V.斯坦凡诺斯基 著
(Robert V. Stefanowski)
李 曜 译

上海财经大学出版社出版发行
(上海市中山北一路 369 号 邮编 200083)
网 址:http//www.sufep.com
电子邮箱:webmaster@sufep.com
全国新华书店经销
上海华业装璜印刷厂印刷装订
2022 年 3 月第 1 版 2022 年 3 月第 1 次印刷

787mm×1092mm 1/16 9.25 印张(插页:2) 181 千字
定价:55.00 元

总 序

并购重组（merger，acquisition，restructuring，以下简称 MAR），来自西方英语世界，也是商学院一门金融、财务和战略方向的必修课程。因为属于外来词汇，汉语词库中并无精确词语完全对应这一概念，所以借鉴西方典籍了解 MAR，就是一个必然途径，也是一个捷径。引进翻译西方的并购重组书籍，有助于更多的读者了解当代西方的并购重组理论与实践经验。

外来的和尚会念经。自从唐玄奘取经西天之日起，为学佛法，取经西天，我国就有了取经的传统。当年历经千难万险，方才能取回真经。而今独守书斋，即可纵览天下典籍，不亦幸哉快哉！

翻译过程，实乃人生之辛苦事，对于专业书籍来说，除了至关重要的遣词用语需要中英文转换、领会原文的专业本意以外，还要能够精确理解涉及的理论专业名词和背景，否则，绝无翻译成功之可能。本套丛书由上海财经大学金融学院的专业教师牵头翻译，部分指导的研究生进行了初稿翻译，之后由教师校阅修改并最终定稿。

这套书目前共 7 本。第一本《铁血并购》，作者是美国弗吉尼亚大学达顿商学院的罗伯特·布鲁纳教授，他是学界和业界均有影响力的学者。达顿商学院的并购案例教学举世闻名，众多世界名校的 MAR 课程均采用达顿商学院的教学案例。这是一本作为商学院教科书的案例集，系统总结了 20 世纪 90 年代至 21 世纪第一个 10 年的美国重大并购失败案例。第二本《重大转折——并购失败中的教训》，作者是麦肯锡顾问公司并购咨询委员会成员罗伯特·斯坦凡诺斯基，他曾在美国通用电气（GE）公司多个下属机构担任 CEO，以及担任过瑞士银行 UBS 投行部的财务总监。该书聚焦于 2008 年全球金融危机爆发以来，英美国家发生的重大并购失败案例分析，特别是有多个银行、证券等金融机构的并购案，从全流程中总结了"并购准备—执行—整合"的经验教训。第三本《兼并收购与公司重组：文本和案例》（原书第 2 版），由两位印度教授克里希纳穆提和纳什瓦纳特合著，这是一本发展中国家学者编写的 MAR 教材，案例多取材于印度企业。因此若读者欲了解印度企业的并购重组，则本书提供了大量有益的信息。第四本《欧洲私募股权和风险投资：市场、技术和交易》（原书第 2 版），作者是意大利博洛科尼大学商学院的两位教授斯特凡诺·卡塞利和朱莉亚·内格里，他们基于欧洲的实践，对私募股权和风险投资市场做了分析，其中讨论了PE/VC对并购、杠杆收购、转型重组等的参与，书中涉猎了私募债、PE二级市场交易、公私合营项目PPP、私募股权管理公司上市、众筹等新话题，该书覆盖了PE/VC的业务流程各领域，是了解行业前沿的好作品。

第五、六本均为《并购的艺术》系列著作。《并购的艺术》诞生于1989年，是较早的一本"收购兼并买断指南"，目的是为了向社会和业界解释并购及重组交易的全过程。该系列丛书的独辟蹊径之处在于：应用苏格拉底式的刨根问底的方法，提出一系列连珠炮式的问题，然后进行解答。通过这个过程，以模拟"思辨式思考"的创新探索过程。因为作者认为"没有愚蠢的问题，也没有人会因为提问题而变成傻瓜，除非他停止提问"。该系列丛书的创办者是亚历山德拉·里德·拉茹，她是从事并购重组的咨询顾问，之后她的一些合作者及其女儿也参加进来。这套书对金融实务界的影响颇大，成为整个并购重组行业的一束火炬，照亮了行业前进的道路（我国的华夏出版社1998年引进翻译过当时的这套丛书）。2016年《并购的艺术》新系列出版以来，反映了并购重组实践中的新进展。第五本《并购的艺术——公司估值指南》，介绍了估值中常用的现金流折现和可比公司法等，更分析了估值前沿的一些问题，如或有补偿、税务和法律对估值的影响等，给出了估值模型举例分析。第六本《并购的艺术——合并、收购和买断指南》是经典的系列开篇之作的第5个版本，出版于2019年，作者是亚历山德拉·里德·拉茹及其创办的资本专家服务有限公司，这是一本百科全书式的指南，厚达1 200多页，自1989年以来更新了5版，在全球并购重组业内享有重要影响力。该书对美国并购重组的现实特别是有关法律问题做了最新的展示和分析。既然叫指南，就是如何操作之意，一本在手，可以大致了解并购重组的全貌。

第七本《跨境并购》揭开了跨国并购的神秘面纱，内容包括从初步协议和尽职调查，到评估、结构、融资和最终完成交易的全过程。它从理论和实证的角度研究了跨国并购的动机和效率。作者巧妙地确定了跨国并购所面临的障碍，重点介绍了并购前的控制法律和法规特别是美国、欧盟和中东的法律和法规。本书还考虑到了监管改革包括放松合并管制和其他关键改革建议的影响。经济、法律、投行等专业人员将获得克服与跨境交易相关的独特障碍的实际理解，政策制定者也会发现书中提供的信息和标准是评估和设计政策的有用工具。

"明德并购重组前沿丛书"的命名和诞生，与武飞先生的义举有着关键关系。"明德"一词，出自《礼记·大学》，所谓"大学之道，在明明德"。采用此名，则为武飞先生的建议。武飞先生，是上海道得投资合伙企业的创始合伙人。作为20世纪90年代上海财经大学的本科毕业生，曾留校短暂工作了一段时间，终于被时代的经济大潮所吸引，就此成为我国经济改革开放事业中的弄潮儿。二十多年来，他在并购重组领域积累了丰富的经验，同时也积累了一些财富。由于他割舍不断与母校的谆谆情感，于是自2017年始，武飞先生决定捐助母校的教育事业。他出资捐赠上海财经大学，用于教学科研、大学生领导力培养、楼宇建设等，其中一项就是捐助用于并购重组的科学研究，包括出版"明德并购重组前沿丛书"。

说来事巧，我们曾于1998年国泰君安证券公司组建后的首届并购部中相识。彼时，武飞先生刚从大学跃入业界，李曜先生则在证券公司兼职工作。两人的办公桌就隔着一米宽的走道。每天清晨，武飞必泡上一壶绿茶，李曜则在浏览当天的报纸和财经信息，二人交流观点、畅谈资本市场。人生奇妙，二十年后，李曜从事着公司金融、并购重组的教学科研，武飞从事着并购重组的业务实践，李曜成为大学教授和知名学者，武飞成为著名的金融投资家和母校校董。在不同的人生轨道上漫游了一圈之后，又有了交汇的一刻。光阴荏苒，因缘不断，一切由于资本市场并购重组的事业。

我们致敬我国资本市场并购重组事业的发展，相信这一块业务必能获得更大的蓬勃发展空间。希望读者不用言必称希腊，采取拿来主义的态度即可，打开"明德并购重组前沿丛书"，开卷有益，从中获得指引和指南。成功经验的圭臬是什么？失败教训的覆辙有哪些？从而趋利避害，走向成功。

武　飞　上海道得投资有限合伙企业创始人、
　　　　上海财经大学校董
李　曜　上海财经大学金融学教授
　　　　2021年6月30日

目 录

导论：并购交易的风险和机会 / 1
    1 000亿美元你能买到什么 / 2

第1章　并购交易为何会失败 / 5
    现实中的并购决策依据 / 5
    案例分析：苏格兰皇家银行收购荷兰银行 / 6
    并购交易的动机 / 8
    案例分析：美国银行收购美林证券 / 8
    通过并购分散注意力 / 14
    通过并购实现快速发展 / 14
    通过并购解决问题 / 15
    横向并购和纵向并购 / 16
    本章结论 / 17

第2章　购买还是新建 / 19
    案例分析：康美银行 / 19
    案例分析：大都汇银行 / 23
    两者之间是否有折中 / 26
    案例分析：陶氏—康宁公司 / 27
    案例分析：巴克内尔工业集团 / 28
    本章结论 / 30

第3章　买者自负 / 32
    瓦乔维亚银行购买金色西部银行 / 33
    美国在线与时代华纳合并 / 39
    富国银行收购瓦乔维亚银行 / 41

第4章 拓展全球业务的机遇和风险 / 43

挪威电信的印度合资公司 / 45
挪威电信的全球战略 / 46
挪威电信扩张到东欧 / 47
挪威电信进入亚洲 / 49
挪威电信－尤尼泰科合资企业 / 51
对挪威电信－尤尼泰科合资企业的事后分析 / 53
吸取的经验教训 / 54
未来的发展趋势 / 56

第5章 文化是关键 / 58

中国案例研究 / 58
日本案例研究 / 61
其他最佳实践总结 / 62

第6章 幕后主使是谁 / 70

案例研究：劳埃德银行与苏格兰哈里法克斯银行 / 70
哈里法克斯银行的历史 / 72
劳埃德银行历史 / 73
并购时间线 / 73
道德风险 / 77
对利益相关者的困惑 / 77
短期与长期焦点 / 78
退出的能力 / 79
政局的动荡 / 79
案例研究：卡夫收购吉百利 / 79
卡夫的历史 / 80
吉百利历史 / 81
交易的背景 / 82
担心裁员 / 82
关于企业社会责任的担忧 / 83
市场反应 / 83

第7章 现在退出交易是否为时太晚 / 86

案例一：美国银行收购美林证券 / 87

案例二：美国电话电报公司收购T移动　/ 91
案例三：维若森竞购雅虎　/ 95
结论　/ 96

第8章　如何在谈判中完成更好的交易　/ 98
有效谈判的十种最佳做法　/ 101

第9章　创造历史　/ 109
背景　/ 109
具备战略眼光　/ 111
保持一个合理的组织结构　/ 112
正确的交易结构　/ 113
认识到品牌的重要性　/ 114
高效率的分配　/ 115
企业文化融合　/ 116
提前准备资金　/ 116
建立适当的并购审批流程　/ 117
经常与适时整合　/ 117
明确的法律和监管程序　/ 118
不要高价购买　/ 118
持续学习　/ 119
案例学习：摩根大通收购贝尔斯登　/ 120
总结　/ 123

第10章　立足当下，我们将往何处去　/ 125
我们忘记得有多快　/ 125

附录A：三一国际/美国公共媒体集团并购案例中的重大不利条件变更条款（MAC）　/ 136

附录B：美国银行/美林证券并购案例中的重大不利变更条款（MAC）　/ 137

导论:并购交易的风险和机会

美国银行的董事会成员中是否有人建议美国银行继续收购MAC?

不,不,在那个时候……大多数人(即美联储和财政部)认为金融市场反应的严厉程度意味着他们坚信这是系统性风险。

——肯·刘易斯(Ken Lewis),美国银行前董事长兼首席执行官。引自其在2009年2月26日关于高管薪酬调查中应询美国纽约州总检察长的证词中[①]

2007年10月8日,时任苏格兰皇家银行(RBS)首席执行官的弗雷德·古德温(Fred Goodwin)的出价超过了巴克莱资本(Barclays Capital)负责人鲍勃·戴蒙德(Bob Diamond)的出价,顺利结束了他以965亿美元收购荷兰银行(ABN AMRO)的长期努力。在这之前,弗雷德已将苏格兰皇家银行从一家小型区域性银行打造成为全球最大的银行之一。由于他的努力,弗雷德被《福布斯》杂志评选为"2002年度商界人物"。因为他能够无情地裁减员工,降低所收购企业的运营成本而赢得了"弗雷德切碎机"(Fred the Shred)的称号。《福布斯》专业人士称,"在放贷者面临的艰难时期,弗雷德将他的银行打造成为世界第五大银行,市值高达700亿美元。[②] 弗雷德采取了实用主义的收购方法,充分放大和利用其经营企业的天才和经验来收购和改造目标公司"。

但是五年后,这一收购的"瑰宝资产"没有达到预期的效果。荷兰银行的贷款账面产生严重信贷损失、关键员工离职、复杂的荷兰银行计算机系统整合能力缺失以及整体经济的下滑,促使苏格兰皇家银行的股价从每股7.00英镑以上(每股4.2美元)的高点跌至不到50便士(每股31美分)的低点。苏格兰皇家银行发生的重大不良事件证明,当初接近1 000亿美元的收购价格严重超过了荷兰银行的真实价值。

随着经济的持续恶化和大衰退的加剧,围绕当初荷兰银行收购协议的问题变得越

[①] 美国法律支持公司,美国纽约州总检察长对肯·刘易斯进行的问询,2009年2月26日。
[②] 2002年12月22日《福布斯》杂志。

来越明显。事实上，到2007年12月经济衰退最严重的时候，以苏格兰皇家银行收购荷兰银行的近1 000亿美元价值计算，投资者可以100%的收购以下几家企业加总的全部股份，它们包括：高盛、苏格兰皇家银行、通用汽车、花旗银行、德意志银行和美林证券。①

1 000亿美元你能买到什么

通用汽车	10亿美元
德意志银行	250亿美元
高盛	360亿美元
花旗银行	80亿美元
苏格兰皇家银行	120亿美元
共计	820亿美元

尽管弗雷德有着良好的意图，希望通过收购一项令人兴奋的新业务来提振苏格兰皇家银行股东的价值，但是这一不幸的收购让弗雷德失去了工作。数千名投资于苏格兰皇家银行股票的股东损失了全部价值。弗雷德最终被苏格兰皇家银行解聘，他被媒体谴责为恶棍，并受到人身安全方面的威胁。他被迫离开家，藏身于朋友的别墅，以躲避媒体和愤怒的公众。直到2016年5月，在这起重大收购案损失发生的8年之后，弗雷德才最终被免除了与苏格兰皇家银行并购交易有关的所有刑事指控。

这本书并不是要把责任推卸到首席执行官、投资银行家或其他不幸卷入失败并购交易的参与者身上。我发现这些并购交易的支持者们工作努力，对成功抱有充分热情。相反，本书是为了探究并购交易不起作用的原因，以及重大并购交易所隐含的风险，诸如苏格兰皇家银行支付近1 000亿美元收购荷兰银行的上述案例等。通过回顾过去的失败以及背后之原因，我们可以更好地预测未来交易的潜在陷阱，避免一旦并购交易失败对公司的破坏和对股东财富的损毁。

在并购(M&A)行业，尽职调查是指在同意收购一家公司之前，买方的会计师、律师、人力资源、风险管理部门、高级管理人员和其他关键人员等完成的工作。就如一对

---

① 基于截至2008年12月31日的公司总市值。

新婚夫妇购买他们的第一套房子一样,我们假设称这对新人为"威尔森一家",威尔森一家通常会查看房地产清单,与房地产经纪人交谈,参观多处房产,并将搜索范围缩小到一栋房子。在这栋房子上,他们将做一个更详细的财产审查,寻找可能损坏的区域、需要修理的地方,以及一切卖方在出售房屋前应该纠正的内容。威尔森一家可能会聘请外部专家,如检查房屋的核查员、核实房屋市场价值的估价师、帮助谈判购买条款的律师等。从本质上说,威尔森一家在最终掏钱购买这栋房子之前,希望能对它感到完全满意。

同样,在成功的收购中,一家目标公司的实业买家或金融买家将要分析目标公司的财务状况、与关键管理层会面、审查运营情况、更新公司的财务预测、调查法律责任等等,所有这些都是为了确定是否值得付出购买的代价。交易团队将雇用财务顾问、律师和会计师等来帮助他们完成这一过程。一旦尽职调查完成,买方将签署一份合同,在一段时间内以规定的价格购买该目标公司。

在大型并购交易中,达成购买协议(即签署)和交易完成(即最终交割)之间通常有一段时间。这段时间用于实现以下的情况,如政府批准、股东同意、员工工会达成协议或需要同意交易的其他各方协议。一旦所有这些都得到满足,买方和卖方将走向交易的最终完成——交割。在合同签订后,可能需要几个月才能完成交易的交割。在整个并购过程中,从签署合同到结束交割的这段时间是风险最大的一部分。

以威尔森一家为例,他们现在已拥有一套完美的房子(由于之前完成了非常好的尽职调查)!然后他们决定需要一辆车来配它。为了省钱,他们决定买一辆二手车,并于周一签订了购车合同(签字)。在本周内,他们将提取现金,安排融资和保险,然后在周五(截止日期)支付并拥有汽车。威尔森夫妇绝对希望这辆车在周五的状态与他们同意购买时周一的状态相同。但是,如果车主决定从周二到周四驾车穿越全国,又会怎样呢?如果这辆车在周三出了事故怎么办?很明显,如果威尔森夫妇不能放弃购买的话,他们希望得到一些保护,让这辆车在周五的时候能够保持与他们在周一同意购买时一样的状态。

并购世界的买家面临着同样的挑战。目标公司在签署和交割之间继续运作,并受到经营业务、宏观经济和其他超出其控制范围的外部风险的影响。因此在交割之前,买方拥有风险,因为他们在签署合同时已同意购买该公司,但现有的管理团队继续每天为买方运营着该公司。所以,律师制定了一项称为"重大不利变更"(material adverse change,MAC)的法律条款,以便在合同签署和交割之间保护买方。

如果目标公司管理团队不能继续有效经营公司,或者公司发生了价值减损的实质性变化，MAC条款允许买方放弃交易。多年来，律师们使MAC条款变得日益复杂。例如数年前，MAC条款允许买家因发生自然灾害、战争行为或恐怖主义而退出交易。不幸的是，此后世界动荡，此类事件不再罕见，上述这些理由不再是买家放弃交易的法律原因。但实质性的原则仍然是一样的，如果在签约和成交之间发生其他一些不利的事情，买家可以退出交易。

尽职调查和MAC条款二者的结合听起来很完美。从理论上讲，买家可以花尽可能多的时间查看公司记录，与关键员工会面，了解法律、环境和风险问题，并在同意购买之前，获得对目标公司的总体满意度。此外，MAC条款允许买方可以放弃并购，即如果在原则上同意购买后与进行最后支付对价之前发生了重大异常事件。

但是，许多大公司的首席执行官们并没有充分行使买方的这些权利，也没有进行足够的尽职调查，以完全了解他们购买了什么。无论是苏格兰皇家银行收购荷兰银行，还是美国银行收购美林证券，这些错误的交易都会对收购方公司、股东和首席执行官的职业生涯产生巨大影响。但糟糕的交易仍然不断发生，是什么因素促使首席执行官们将自己的职业生涯牵系于收购大公司的交易之上？尽管收购失败以及与之相关的首席执行官个人可能因此承担民事和刑事责任，此类事件被广为宣传，但为什么这种收购交易仍会持续？为什么成功的公司总是不满足于现状，不能安分守己地追求合乎逻辑和有序的有机增长①方法来提高业绩？

这本书试图回答这些问题。无论您是公司首席执行官、直接参与并购的投资银行家、律师、人力资源主管、首席财务官，还是商业书籍的一般读者，本书都将为您提供如何避免这些错误的指导。一些里程碑式的并购案例研究如美国银行收购美林证券、卡夫食品收购吉百利等，将被用来回答这些问题，并提供确凿证据，以此说明为什么一些经验老到、成功和拥有高度智慧的商人，亦会持续地犯下违背常识的错误。

---

① organic growth，有机增长，即企业依靠自我利润积累而不断发展壮大，与merger acquisition即并购扩张相对立。——译者注

第 1 章 并购交易为何会失败

这是真正意义上的对等合并,也只有这种奇妙的交易才能吸引我再回去工作,它将我的两大最爱——技术和饼干,真正结合在了一起。

——IBM 前总裁、首席执行官路易斯·郭士纳(Lou Gerstner)对关于思科提议收购纳贝斯克[①]案例的评价

现实中的并购决策依据

在讨论这个问题之前,首先可以思考一下,你进行储蓄时是如何选择银行的呢?通常你会选择那些综合实力较强的银行,以防止其破产导致存款不能兑付。有些时候你也会考虑银行提供的服务、账户类别以及每天的营业时间等额外因素。而金融经验丰富的人则会选择那些支付利息最高的银行。但无论你选择的依据是什么,大多数情况下你的决策都是基于现实的理性决策。

现在,假设你成为一名跨国公司的首席执行官,需要去收购一家公司。标准的决策方法包括考察这家公司的战略、员工素质、净利润以及交易的回报率。这种情况下决策相对简单,你只需按照交易的回报率将所有目标公司从高到低排序,然后选择最高回报率的那家。如果你在高校中学习过商科课程,可能还会想起净现值(net present value,NPV)的概念,即用项目的加权平均资本成本作为折现率计算企业未来现金流得到净现值。而你的任务是只需选择内部回报率(internal rate of return,

---

① 纳贝斯克(Nabisco)是著名的饼干和休闲食品品牌,为卡夫食品(Kraft Foods)所属子公司。——译者注

IRR)[①]最高的项目即可。

我教过的许多学生认为这种简单且科学直白的方法就是首席执行官进行并购决策的依据,然而上述方法仅仅是在做数学计算,也只适用于大学"公司金融"的课堂上。

老师讲的知识当然没有错,但是在现实中,并购决策的依据远比课堂上的理论方法复杂得多,高管的主观判断、傲慢自负、私人喜好等一系列感情因素,对并购决策产生的影响都远大于客观数据!而让学生意识到这一点,需要很长的时间。

在我的经验中,仅用学术方法做并购决策很难成为最佳策略。比如苏格兰皇家银行(RBS)收购荷兰银行(ABN AMRO)的案例,起初或许只需比较该项交易的回报率和资本成本,但随着与荷兰银行的另一潜在收购方——巴克莱银行(Barclays)参与竞争并日益加剧了竞争力度,形势开始变得复杂。学术方法计算出来的数字意义逐渐下降,收购方高管开始更多地考虑公司声誉、交易成败对股价的影响、社会公众的情绪、员工以及客户对交易的态度等一系列软性要素。

案例分析:苏格兰皇家银行收购荷兰银行

很多对并购经验教训进行总结的文献,都会提到前苏格兰皇家银行首席执行官弗雷德·古德温(Fred Goodwin)坚持收购荷兰银行的这一案例。在并购前期,苏格兰皇家银行很多内部和外部的利益相关者都对并购的动机提出怀疑,一位苏格兰银行的分析师就曾指出:"弗雷德·古德温先生态度傲慢,只关心公司的规模而不在乎股东的利益。"[②]这些质疑或许从未传达到苏格兰银行的董事会,或者说是被董事会成员们刻意忽视了,投资者提出的一些关于收购是否合理问题被董事会迅速地遮掩了。

2007年3月,苏格兰皇家银行对荷兰银行的初始报价为924亿美元,但6个月后,苏格兰皇家银行却为交易最终支付了965亿美元,这一收购价格的合理性值得商榷。难道荷兰银行的市场价值在6个月时间内上升了足足40多亿美元?实际上由于薄弱的资源整合能力、不切实际的市场预测以及疲软的经济,荷兰银行实际上在并购

---

① 内部回报率是衡量一项交易实际回报率的常用方法。内部回报率是使得资金流入现值总额与资金流出现值总额相等、净现值等于零时的折现率。收购决策应首先选择内部回报率最高的项目。理论上,内部回报率要高于企业的资金成本,否则企业可将资金用于其他目的。

② 源自德国德利佳华证券吉姆·艾顿对并购的评价。引用自2011年5月英国《每日电讯报》文章《苏格兰皇家银行调查报告:世界最大银行走向崩溃的全部故事》,文章作者为哈里·威尔逊、菲利普·奥德里克、卡麦勒·艾哈迈德。

交易的6个月期间遭受了巨大损失,其市场价值应该是下降而不是上升。当时一位苏格兰皇家银行的交易员曾评论道:"当你看到交易中关于荷兰银行的估值报告时,会发现对荷兰银行估值依据主要是基于对其各项业务收入的预测,但是这些预测严重夸大了荷兰银行未来的收入增长。"①

未能收购荷兰银行,对于巴克莱银行以及巴克莱资本的首席执行官鲍勃·戴蒙德却是因祸得福。收购荷兰银行后,苏格兰皇家银行陷入了难以整合目标企业、资产质量恶化、巨额亏损的泥潭,至今尚未从困境中走出。2007年6月,苏格兰皇家银行配股融资120亿英镑以试图缓解因收购荷兰银行导致的巨大资金压力,弥补银行损失。120亿英镑是英国股票市场历史上规模最大的融资案例,但对于苏格兰皇家银行来说,还是杯水车薪。

随着因收购导致的严重问题被资本市场获知,苏格兰皇家银行的股票市值跌幅超过了25%,其市值损失已远超120亿英镑的配股融资额。2008年10月7日,苏格兰皇家银行管理层、股东以及英国政府都意识到银行崩溃的事态难以挽回。随后英国财政部特别委员会开始向苏格兰皇家银行提供紧急流动性支持,银行实际上已被国有化。

相反,巴克莱银行在收购竞争失败后,却取得了更大的成功。尽管巴克莱银行也被某些问题所困扰,但依靠其雄厚资产,未依靠政府救助而成功地度过了2008年的全球金融危机。巴克莱资本的首席执行官鲍勃·戴蒙德最终接替约翰·瓦利(John Varley)成为整个巴克莱银行集团的总裁。虽然鲍勃·戴蒙德在2012年因伦敦银行间同业拆借利率(LIBOR)操纵丑闻②被解除总裁职务,但他躲过了因收购荷兰银行导致的灾难并在事业上更进了一步,这已经足够幸运了。在并购交易的竞争中,胜者的结果未必最好,胜者脱颖而出是因为其支付了最高的价格,由此导致了"赢者的诅咒"③,正如苏格兰皇家银行悲剧所揭示的一样。

---

① 源自德国德利佳华证券吉姆·艾顿对并购的评价。引用自2011年5月英国《每日电讯报》文章《苏格兰皇家银行调查报告:世界最大银行走向崩溃的全部故事》,文章作者为哈里·威尔逊、菲利普·奥德里克、卡麦勒·艾哈迈德。

② 伦敦银行间同业拆借利率(LIBOR)操纵丑闻,指的是在2012年6月27日,美英金融监管机构同时披露,巴克莱银行曾在2005年至2009年期间试图操纵和虚假报出伦敦银行同业拆借利率和欧洲银行同业欧元拆借利率,以便在衍生工具交易中增加利润或降低损失。丑闻曝光后,巴克莱银行被罚款约4.52亿美元。——译者注

③ 赢者的诅咒(winner's curse),是指在拍卖市场中经常会出现的现象,即拍卖的夺标者往往并不能实现预期的收益,甚至会遭受损失。原因是信息不对称、买方过于自信、自大等,该术语属于行为经济学范畴,由2017年诺贝尔经济学奖得主理查德·塞勒提出。——译者注

并购交易的动机

事后看来,苏格兰皇家银行收购荷兰银行的交易十分不合理。然而为什么现实中这种不合理的交易仍会不断发生?实际上,所有此类交易都反映了人类的一种简单本能——在购买某些东西时往往忽略现实、失去理智而以情感为导向。很多人看到这里会产生同感:我们不也是会仅仅因为喜欢或爱面子,去购买一些超出个人支付能力的住房、汽车以及名牌包吗?利用人类的这种本能去销售商品,是世界各地都适用的营销手段。随着时间的推移,我们会发现公司金融的世界并不理智,如人类生活一样,充满着各种感性的因素。

很多企业的首席执行官是"A型"性格的人,他们渴望胜利且享受被公众瞩目的感觉。每天媒体都会报道对荷兰银行的争夺战,每个参与竞争的首席执行官都是争强好胜的性格,不愿成为媒体报道中的失败一方,由此导致了对荷兰银行不断提高的报价以及越来越不合理的估值模型。当报价最终上升至965亿美元时,我想并购交易的内部回报率已变得毫无参考意义,更多的感性问题促成了最后的交易决策。

案例分析:美国银行收购美林证券

2008年9月,美国银行(Bank of America)对美林证券(Merrill Lynch)的收购属于收购方首席执行官高调推动的又一并购案例。总部位于北卡罗来纳州夏洛特市的美国银行成立于1904年,目前是全美最大的零售银行,其零售银行业务遍布全美以及世界各地。彼时公司的首席执行官肯·刘易斯(Ken Lewis)在美国南部长大,毕业于佐治亚州立大学,于1969年加入了北卡罗来纳国家银行。2001年刘易斯接替麦科尔成为美国银行的首席执行官,刘易斯的战略眼光、并购执行力、改善目标企业绩效的能力等,受到外界广泛赞誉。2008年10月的《美国银行家》杂志将刘易斯评为"年度杰出银行家"。

然而作为总部位于美国南部的零售银行,美国银行在华尔街的投资银行界并无显著声誉,而这些投资银行动辄就为规模达数十亿美元的并购交易提供咨询服务。在传统零售银行领域,美国银行享有极高的声誉,其业务主要是吸收企业和个人的存款,发放汽车消费贷款、住房抵押贷款、杠杆贷款,并向个人和企业提供其他融资服务。尽管如此,美国银行的总部只是在北卡罗来纳州,而不是纽约。美国银行的核心业务——零售银行业务与投资银行业务相比也稍显逊色,毕竟华尔街投行参与的并购和IPO业务规模可高达数十亿甚至上百亿美元,且每次可获得百万美元计的佣金收入。虽然刘易斯经营着一家一线头部的零售商业银行,但美国银行在华尔街投行家的眼中只是一家二线投行。

作为华尔街知名投行,美林证券的历史可以追溯到20世纪早期,其创始人为查尔斯·梅里尔和爱德蒙·林奇,公司的财务管理、证券投资交易、公司金融以及投资银行等业务皆处于全球领先地位,美林证券在投行界的声誉要远高于美国银行。作为经营全牌照业务的投资银行,美林证券完全称得上华尔街的翘楚之一。过去几年间,美林证券的投行部门曾为全球资本市场的数笔大型重要交易提供融资服务,其权益部门曾承接了全球许多知名公司的IPO业务。美林证券雇员多为全球顶尖高校的毕业生,能够开出千万美元级别的年薪以吸引华尔街高级人才。

21世纪初期,美林证券通过内部发展以及收购12家相关企业,迅速扩展了其抵押贷款业务。随着美国房地产市场的繁荣,住房抵押贷款的发放量持续上升,美林证券开始将抵押贷款业务视为除并购和证券承销业务外的另一重要收入来源。美林证券发放的一大部分抵押贷款为次级贷款,贷款人的信用记录较差,但美林可通过次级贷款获得高额的利息收入。信用记录差的借款人由于过去有违约记录,无法获得普通银行授信,只能被迫接受利率更高的抵押贷款。到2006年,市场上超过20%的住房抵押贷款被认定为风险较高的次级贷款。

为了对冲风险以及获得更多的佣金收入,抵押贷款会被打包成证券化产品出售给投资者。换句话讲,大量不同等级的抵押贷款聚集在一起形成资产池,并以资产池为基础发行新的证券化产品,每一份证券化产品代表对资产池的部分资产拥有所有权,投资者购买证券化产品后可实现对资产池内所有抵押贷款资产的风险和收益共担。

金融学教授们认为资产证券化产品提供了风险管理的"新范式"。银行不再承担其发出的抵押贷款全部风险,基于抵押贷款池发行的证券化产品被全球成千上万的投资者购买,风险得以分散。新理论认为即便资产池质量恶化、抵押贷款不能偿付,也不会形成全球性的经济问题,因为证券化产品的个体投资者承担的风险较小。证券化产品被分割成很多细小部分出售给投资者,由此可消除大银行过度发放次级贷款所带来的系统性风险。

住房抵押贷款证券化逐渐成为华尔街的重要业务。投资银行首先发行或购买住房抵押贷款,将其证券化后在二级市场上出售给其他投资者,获得了巨额的佣金收入。随后,以汽车消费贷款、信用卡消费贷款、公司贷款以及其他信贷资产为基础的证券化产品也被开发出来,这些证券化产品根据其基础资产的不同被称为担保债务凭证(CDO)[①]或担保贷款凭证(CLO)[②]。

随着全球房地产市场的繁荣,银行对低信用等级的消费者信贷策略日益激进,这就为CDO市场提供了更多的住房贷款基础资产。极端情况下,借款人无须任何书面凭证就可获得抵押贷款,"说谎者贷款"由此产生。换句话讲,购房者只需进入银行向信贷人员陈述自己的净资产、收入以及偿付能力状况,无须提供任何正式书面文件就可获得信贷,银行信贷人员相信贷款申请人所讲的都是真话。

在市场最疯狂的时刻,贷款申请人甚至可获得所购住房价值1.1倍的贷款,即贷款申请人不仅无须支付首付,在全额贷款购房的基础上还能获得额外10%的现金授信。银行深信房地产价格永远不会下跌,地产价值会在几个月内超过原有1.1倍的贷款额度,在不断上升的房价中,信贷资产的安全性会得到保障。抵押贷款以及相应的证券化业务,成为美林证券以及其他华尔街投行盈利丰厚的业务。

市场发展一切顺利,直到2006年房地产泡沫破灭。购房者已无法偿还在地产繁荣时期签订的高昂按揭合约,住房待售库存量持续攀升,进一步拉低了住房价格。随着抵押贷款的崩盘,银行持有的大批次级CDO资产开始出现违约。经济环境的突变,严重打击了作为最大次贷资产持有人的美林证券。2007年10月,美林证券宣布了79亿美元的CDO资产减值,这直接导致了美林证券有史以来的单季度最大亏损——23亿美元。

危机之下,2007年10月原纽约证券交易所首席执行官约翰·塞恩(John Thain)接替了斯坦·奥尼尔(Stan O'Neal)的职务成为美林证券首席执行官。约翰·塞恩毕业于哈佛大学,且曾经担任高盛的总裁和首席运营官职务,属于典型的华尔街高管。相比之下美国银行的首席执行官肯·刘易斯要逊色很多,他只是毕业于南方一所州立大学,掌管的也只是一家总部位于北卡罗来纳州的零售银行。

自2007年年初,美国经济遭受了一系列巨大动荡冲击。2008年3月,美联储开始向成立于1923年的贝尔斯登公司(Bear Stearns)提供紧急贷款援助,以弥补因CDO业务遭受的巨大损失。最终政府救助无法拯救贝尔斯登,公司以每股10美元的

---

① 担保债务凭证,collateralized debt obligation,简称为CDO。——译者注
② 担保贷款凭证,collateralized loan obligation,简称为CLO。——译者注

价格出售给摩根大通集团(JP Morgan Chase)。虽然该价格高于摩根大通最初每股 2 美元的报价,但已经远低于贝尔斯登公司之前 52 周内的最高股价——每股 133 美元。美联储同时为贝尔斯登的 30 亿美元问题资产提供了担保。

2008 年 9 月中旬,美联储不得不干预救助另一家华尔街公司——美国国际集团(AIG),政府救助金额达 850 亿美元,同时政府获得了美国国际集团 79.9% 的股权。美国国际集团同样有着辉煌的历史,作为成立于 1919 年的银行保险公司,AIG 当时在全球 130 个国家拥有 8 800 万客户,2000 年 AIG 曾被列为全球前二十大上市企业。AIG 的崩溃源于其信用评级由 AAA 下调至 AA,这导致 AIG 各项金融工具的交易对手要求 AIG 追缴担保金或者终止合约。AIG 没有足够资金满足已发行金融合约的付款要求,导致被迫向联邦政府寻求紧急救助。

2008 年 9 月 12 日,本次金融危机的冲击达到了顶峰——雷曼兄弟(Lehman Brothers)公司走到了破产边缘。成立于 1850 年的雷曼兄弟在破产时已成为全美仅次于高盛、摩根士丹利、美林证券的第四大投行,拥有 26 000 名员工。雷曼兄弟如果破产,将给原本脆弱的美国经济带来不可估量的系统风险。

然而,此时美联储已经对华尔街的银行家们忍无可忍。美联储担忧持续救助金融机构会产生严重的道德风险问题。如果银行家相信政府会为他们的错误买单,未来就会尽可能多买进高风险的资产。当资产状况良好时,银行会获得高额收益;当资产出现问题时,损失则由政府承担。不管银行策略如何激进,它们自己都不需要承担损失。美联储相信是时候制定一些规则了,要让华尔街的高管意识到他们必须要为自己的错误负责。

2008 年 9 月 12 日周五,大多数人认为雷曼兄弟已没有足够资金能够在下周一早上正常运营。当天晚上 6:00,美联储召集华尔街各大公司首席执行官在纽约的美联储大楼召开紧急会议,政府劝说各家银行高管找出解决方案,以防止周一早上雷曼兄弟不能正常营业造成全球金融动荡。但是各家银行首席执行官宣称他们没必要为雷曼兄弟的错误负责,也不能接受用公司股东的钱去救助竞争对手,而政府强调必须立刻稳定美国经济,稳定的美国经济代表所有银行股东的最大利益。

随后的整个周末,谈判一直在持续,但解决方案仍未形成。新的交易日迫近,雷曼兄弟破产的可能性不断上升,此时美林证券也开始担心自身的生存问题。周六早上的 6:30,美林证券首席执行官约翰·塞恩接到了其首席运营官的电话,建议可向美国银行首席执行官肯·刘易斯寻求救助。约翰·赛恩一开始拒绝了这项提议,他坚持美林证券可通过快速出售非核心资产筹集资金以渡过难关。然而救助雷曼兄弟的谈判在整个周六上午结果未出,约翰·塞恩终于松动了,同意与肯·刘易斯进行会谈,但他不能亲自打电话主动联系。随后在法律顾问的压力下,约翰·塞恩再次松口,同意直接与肯·刘易斯通电话。

肯·刘易斯迅速赶赴纽约,与约翰·塞恩在美国银行位于时代华纳中心的纽约分部举行会谈。会谈中,约翰·塞恩开门见山地问道:"您是否有兴趣购买美林证券9.9%的股份,同时为公司提供大量的流动性便利?"①肯·刘易斯回答道:"他对美林证券9.9%的股权不感兴趣,他想买下整个公司!"

谈判顿时陷入了紧张。但随着时间的推移,大家发现谈判可以进行下去的唯一条件就是美国银行收购美林证券100%的股权。美国银行起初坚持政府要为收购提供700亿美元的担保,因为银行不可能在双休日的短短两天内评估美林证券的所有资产,而政府不断施压要求救助协议必须在周一早上开市之前达成,以防止经济动荡。美林证券则坚持每股的收购价格为30美元。周日早上8:00,肯·刘易斯与约翰·塞恩再次会谈,此时约翰·塞恩仍尝试去提供证据以提高美林证券的估值,尽管美林证券的股价在不断下降。

政府在周日继续施压,要求尽快达成协议。约翰·塞恩意识到如果不能得到美国银行的救助,美林证券将无法撑过下一周。谈判地位的天平逐渐向美国银行倾斜,周日晚间,美国银行同意以29美元每股的价格收购美林证券,收购溢价相对美林证券周五的收盘价高达70%,而政府却拒绝提供任何担保。这意味着美国银行将要独自承担美林证券资产组合的所有风险,并为此支付70%的市场溢价。

2008年9月15日周一,交易协议正式对外公布。美国银行以500亿美元收购美林证券,每股美林证券股票可以转换为0.8595股美国银行股票。消息公布后,美国银行股价即刻暴跌21%,而美林证券股价上升至17美元,仍然显著低于19美元的收购价。显而易见,市场并不为该笔并购交易买账。约翰·塞恩拯救了美林证券,肯·刘易斯却将美国银行带入了一场前途未卜的特大型并购交易,承担了很多未知风险并置股东于巨大危险之中。本书后文将会提到,并购最终带来了十分悲惨的后果。

为什么肯·刘易斯会同意这项交易?与华尔街杠杆率极高的银行不同,美国银行当时在动荡的经济环境中仍然保持较好的经营状况。作为投资银行,贝尔斯登、美林、AIG只能通过资本市场获得资金,当经济下行资本市场资金枯竭时,这些投行无处可去,只能需求联邦政府的帮助。相反,美国银行以其庞大的零售业务为支撑,居民和公

---

① 引自"美国—美林银行案例",哈佛商学院案例,2010年6月7日。

司存款为美国银行提供了数百亿美元的流动性支持，足以应对金融危机。

肯·刘易斯冒进了！他仅用一个双休日的时间就完成了对一家规模庞大、结构复杂的国际投资银行的"尽职调查"，置他本人、公司以及股东于极大的风险境地。何种原因让肯·刘易斯决定收购？他失去了判断力？还是想要拯救全球经济？抑或是他认为美林证券确实价值500亿美元？

美国银行收购美林证券是基于非理性因素进行并购决策的经典案例。并购决策既没有考虑项目的回报率，也没有考虑项目的盈利能力。我认为该并购更多考虑的是战略、地位、发展等软性问题。如果并购决策完全基于客观数据，很难相信肯·刘易斯以及美国银行董事会在周五下午至周一早上的两天时间内就决定支付500亿美元收购美林证券。毕竟这是一家有28.8万员工、5700万客户、业务遍及41个国家的庞大机构，美国银行怎么能够在两天时间内完成对美林证券的调查分析？然而这件收购交易确实发生了！

更加严重的是，并购协议在2008年9月15日达成，而交易完成要到2008年12月31日。这段时间对于买方来说是十分危险的，其间美林证券原有管理层将继续经营公司，买方对原有管理层的任何行为则只能旁观。就是在这段时间内，约翰·塞恩和他的团队批准了按照2008年初工作计划制定的数十亿美元的员工奖金。

众所周知，美林证券各项业务在过渡期间的45天内发生了重大变化。大衰退导致全球经济降至低谷，诸如高盛、摩根士丹利等顶尖投行都开始担心自身的生存问题。尽管业绩较差，约翰·塞恩还是赶在交易完成之前向公司员工迅速支付了约40亿美元的奖金，以避免美国银行控制公司后拒绝支付奖金。肯·刘易斯是否意识到约翰·塞恩对美林证券的崩溃视而不见，用美国银行股东的40亿美元为美林证券员工发放了巨额奖金？

此外，并购交易难道没有签订任何重大不利变化条款（MAC），使美国银行面对经济崩溃时可以终止交易？肯·刘易斯难道仍然相信在经历一系列重大变故后美林证券仍然价值500亿美元？难道是荣誉感迫使肯·刘易斯和美国银行将交易继续下去？难道是因为美国银行受到了股东、员工以及美国政府或是其他利益相关者的压力，从而不得不孤注一掷、完成一项注定失败的收购？本书后续部分将会揭示上述很多问题很难由客观现实来回答，只能从高管情绪、个性特征等非理性因素中找到答案。

通过并购分散注意力

将外部关注重点从公司关键问题上转移,经常是并购交易发生的一个非理性原因。大型并购发生时,公司股东、分析师通常将注意力由公司的一些核心问题转移至并购交易上,很难相信聪明的公司高管会基于分散注意力为缘由开展并购活动,但现实中这种情况的确发生了。

很多人认为强生公司(Johnson & Johnson's)2011年对医疗器械公司辛迪思(Synthes)的收购就是为了转移外部注意力。[1] 2011年4月,强生公司遭遇到了重大困境。在2010至2011年间,由于安全问题,强生生产的超过50种药品和医疗器械被美国政府下令强制召回。诸如泰诺和美林(布洛芬)等强生下属的知名药品由于生产问题,都在召回之列。强生医疗器械部门生产的人工髋关节很多已在病人身上使用,但仍必须召回。

虽然上述问题并不是收购辛迪思的唯一原因,但并购发生的时机恰到好处,向外界传递了很多正面信息。彼时强生被产品召回的丑闻缠身,大型并购交易适时地分散了市场注意力。正如强生一位股东所说:"强生的声誉在产品召回的打击下受到严重挑战,此时去收购一家声誉好的公司,是向正确方向迈出的重要一步。"[2]

通过并购实现快速发展

公司需要发展,这的确是并购的一个理性原因。各国的股票市场都对公司成长能力施加了特别高的要求,有时不能满足资本主义季度的收入预测都会严重损害股票价格。近几年来的经济压力造成很多大公司的销售收入和利润都开始出现下降,通过现有生产线和渠道来扩大业务量以实现"内部成长"的方法很难解决以上问题。而通过并购来获得规模效应并实现快速发展,却是一条捷径。

以苹果公司为例,其在2015财年的净利润为534亿美元,每股收益为9.22美元。

---

[1] "强生收购辛迪思以转移召回舆论",并购世界,塔拉·切贝尔和格伦·努斯鲍姆,2011年4月19日。
[2] 迈克尔·霍兰德,纽约荷兰公司(Holland Company)总裁。

为保证公司股价逐年稳步上升,大部分公司需要确保每年3%—5%的净利润增长率。对苹果公司来讲,5%的增长率意味着2016年净利润需上升25亿美元,这也意味着今后每年的净利润增长都要超过25亿美元,其难度约等于每年创造一个耐克级别的公司。

通过内部发展实现公司持续增长是十分困难的。大多数跨国公司运营已实现最优化且市场份额基本稳定。这些公司要拓展市场,可以通过从竞争对手手中抢业务、降低成本、引入新产品等方法,但这些只能略微扩展企业的市场边际。不通过大规模收购又想实现企业市场份额的快速上涨,难度巨大。

另一种刺激收入增长的方法,是在其他地方或国外开拓新市场,但想通过内部发展实现该目的也是很困难的,而并购可以使公司直接进入新市场。可以说并购在推动企业发展、缓解收入增长压力、提高股价等方面有着很强的吸引力。首席执行官们需要权衡外部施加的成长压力和稳定发展之间的关系。好的并购交易可以帮助公司进入新市场或新产品领域,然而若并购交易只是为实现规模增长以缓解利润压力,将是十分危险的。而坏的并购交易在短期内可以帮助公司解决一些问题,但在中长期将自食恶果。

通过并购解决问题

假设你是美国一家大型金融机构欧洲总部的负责人,上司要求你在意大利开设一家银行。此外还有2.5亿美元的净利润任务尚未实现,而对此你无计可施。

你可以选择在意大利直接建立一家银行,但需要解决一系列的问题:需要招聘一支包括销售、承销商、会计及管理人员在内的综合团队;需要申请一张意大利的银行业务牌照;需要解决很多琐碎问题,比如为银行总部和各分支机构选址等。

而如果你直接收购一家意大利银行,整个过程将会简单很多。你可以直接获得银行牌照、员工以及完整的运营网络,同时还可以不用耗费时间就能得到一定的市场规模。更重要的是,你可以把收购的意大利银行当年的净利润算入你的工作成绩。

想象一下,当你收购意大利银行后,年末向总部领导汇报工作时的场景。你在总部领导急切开拓市场的国家得到了一家信用良好、各项功能完善的银行,同时有了意大利银行的利润,你还实现了当年的任务目标,通过签订一项收购合约,可以实现一箭双雕。然而本书的后续部分将会指出,实际情况绝没有这么简单。当前很多首席执行官都意识到,失败的并购交易将会给公司带来灾难性的后果。

这就是为什么成功公司都有完善的并购审核流程的原因。公司的每个部门通常都有各自的发展任务,包括开发新产品、开拓新市场、实现挑战性的净利润目标等。为了目标的实现,每个业务部门都会尽可能多地向公司争取资金支持,各部门获得的资本越多,其业务增长速度越快,反之则很难实现发展。

公司高管通常不会直接去管理各业务部门,而是决定如何在不同部门之间分配资本。很多情况下,这些资本将会被各业务部门用于收购其他企业。不幸的是,公司可用资本这一"蛋糕"的大小有限,"如何切好蛋糕"成了难题。

再次强调,学术上认为这一问题很容易解决。公司董事会只需将所有可投资项目的内部回报率由高到低排序,并据此分配资本。现实世界要比这复杂得多,公司总体战略、各部门发展目标、部门领导者的个性特征等,都必须在资源配置的过程中有所考虑。在很多情况下,项目负责人的可靠程度以及董事会对该负责人的信任,都比用数学方法计算的内部回报率更为重要。

横向并购和纵向并购

横向并购与纵向并购相结合是进行并购时常被提到的一个重要原因。横向并购是指在同一产业内部的并购,经典的例子为美国银行机构之间的合并。多年之前,在美国一个城市的市中心可以看到多家银行的分支机构。在我的家乡康涅狄格州,一条不超过四分之一英里长的马路上,经常会看到超过三家以上银行挤在一起,这是非常没必要的。

通过将分支机构进行整合,收购者能够提高收入并降低成本,这种影响也被称为并购的"协同效应"。协同效应的最好描述方法是:"1+1=3"。以康涅狄格州的这些银行为例,消费者真的需要在一条马路上很短的距离内有三家不同的银行吗?实际上一家银行的大型分支机构就完全可以满足当地所有消费者的需求,而将各家银行的分支机构整合在一起,可以大幅度降低诸如房租和人工等营业成本。

从收入角度来看,银行合并后可以实现客户资源共享以及进行交叉销售。如果管理得当,收入和成本的协同效应在保持现有客户规模不变的基础上就能实现。协同效应通常是横向并购的主要动因。

纵向并购指的是同一产业链内上下游企业之间的并购。比如在新兴国家/地区市场上，煤电企业收购上游资源企业的案例在逐年增多。能源缺乏以及基础设施落后严重影响了新兴地区市场的经济增长，很多私营企业开始自建发电厂等基础设施，以补充公共部门的电力供应不足。

对能源的大量需求导致煤炭价格迅速上升，即便如此，煤炭供应量还是供不应求。私营企业自建发电厂需要投入大量的固定成本，每月劳动力成本开支同样巨大，而煤炭缺乏导致建成的发电厂缺乏原料不能投产，企业压力巨大。

在这种情况下，很多能源生产企业开始在国内外收购煤矿。这种纵向并购可以使下游能源生产企业获得充足的煤炭资源供应，而且煤炭供应时间、供应价格以及供应方式可以由能源企业自己决定，而不是依赖煤矿主。更重要的是，能源企业的经营者掌握了煤炭价格的主动权，虽然煤炭开采成本不断变化，但能源企业受煤炭市场价格波动的影响会显著下降。

纵向并购的另一个例子是终端产品生产商并购上游零部件产品生产商，以降低零部件供应的不确定性。在汽车行业，大的汽车公司如福特、沃尔沃等会将汽车零部件外包给不同的企业生产。这些外包企业既能够提供如钢铁、玻璃等原材料，也可以提供多媒体设备、发动机等技术成熟产品。汽车生产商主要负责整车组装并进行终端调配，而众多关键零部件多由第三方外包企业生产。

此时，汽车生产企业就十分依赖外包生产商供货的质量和及时性。假设你购买了一辆福特汽车但其音响设备无法工作，你会把责任归咎于福特公司而不是音响设备的外包生产商——你从福特公司那里购买的汽车，福特公司应该为音响设备质量负责，而不是音响设备的真正生产者。同样，当你去给妻子购买一辆大众甲壳虫汽车作为圣诞节礼物时，你希望无条件地拿到现车。你肯定不愿意听到大众公司说汽车需要预定，原因是零部件缺货造成汽车无法及时生产。

另一种形式的纵向并购是汽车公司收购下游经销商。我们再次以福特公司为例。福特汽车的销售依靠第三方经销商，即使福特在圣诞节前完成了汽车生产，但在圣诞夜，经销商也是不会营业的，顾客体验仍然会很差。收购经销商可以使企业更好地进行产品销售渠道的控制以及质量保证。

本章结论

尽管存在上述诸多显而易见的问题，为什么失败并购交易还是层出不穷？并购的世界扑朔迷离,难以用三言两语解释清楚。但我们需要了解一点:很多特别引人注目的大型并购交易的决策并不科学合理——企业发展压力、高管个性、机会主义行为等,都会对并购决策产生显著的影响。

第2章　购买还是新建

当有银行去收购另一家银行时,我会特别兴奋。他们得到了一家银行,而我却得到了银行所有的顾客。

——威农·希尔,美国康美银行(Commerce Bank)创始人

案例分析:康美银行

1973年,威农·希尔提出了一种零售银行经营的新模式。希尔当时在美国经营数家汉堡王餐厅,他深知快餐行业的成功秘诀,并且注意到快餐行业和银行业在服务顾客方面有着明显差异。快餐业的零售服务始终以顾客为导向,汉堡王每天都营业至深夜,顾客在进入餐厅5分钟内就可以就座用餐。而且,无论是在宾夕法尼亚州的匹兹堡市还是在俄罗斯的莫斯科,汉堡王提供的食物品质都一样。你甚至不需要离开汽车,在餐厅的汽车通道窗口就能快速买到汉堡和炸鸡。这是真正意义上的顾客至上服务。

相反,银行的服务体验却很差。大部分银行都在下午5:00停止营业,且双休日银行也不会营业,同时很多银行员工并不友好,也不在意客户的感受。经常可以看到银行柜台前面排起长队,很多业务在一个柜台还不能完成,顾客需要再次排队等待。

此外,你是否尝试过将积攒的硬币存入银行账户中? 每过一段时间,我们的存钱罐、抽屉以及书桌上都会堆积大量的硬币。我们有两种选择:一是将这些硬币按照1分、5分、1角、2角5分(美元的硬币单位)分类整理好并塞入银行的信封中,银行只会接受这类硬币存款;二是很多银行提供硬币自动存款机,能帮你自动数好硬币并存入账户,但通常会收取5%到10%的高昂费用。向顾客存款收取服务费极为不公平,因此通常我们全家会花费数晚的时间,将硬币按面值单位分类整理好后去存入银行。

希尔想要建立一家完全与众不同的银行,他认为"世界不需要如此多的同质银行"。康美银行每天都会营业至晚上 8:00,在繁忙地带,银行也会开设汽车服务通道。希尔在康美银行引入了"十分钟规则",即所有网点每天必须早营业 10 分钟,同时晚停业 10 分钟以方便顾客。希尔的战略十分简单,"我没有资本、没有品牌,必须采取差异化经营战略"。①

当顾客进入康美银行的网点后,他们会被一对一地引导至需要办理业务的区域,康美银行网点的营业面积较大,多为上下两层楼,同时网点地理位置较好,顾客访问便捷。银行保证只要顾客有一个储蓄账户、支票账户或者借记卡就能完成资金业务,顾客即使不提前预约,也能够在走进银行后的 20 分钟内办完业务。希尔的目标是在银行业复制快餐行业的便捷高效,使银行顾客能够全流程享受友好温暖的服务。

仅靠 150 万美元的种子资本,希尔在新泽西州南部城市建立了第一家社区银行,随后康美银行的网点遍布特拉华州、宾夕法尼亚州和纽约州。自成立以来,康美银行年均存款增长率超过 30%。仅 2001 年,康美银行存款增长率就达到 40%,服务家庭户数增长率达 20%,而同期全美国的银行存款平均增长率仅为 5%。

希尔曾经说过:"很多银行开始迫使顾客使用线上渠道以替代成本较高的线下网点渠道。我们完全拒绝这样做,在美国没有一家零售商能够通过强迫顾客改变习惯而获得成功。但银行还是去强迫顾客使用电子银行业务,这是一种十分失败的策略。康美银行的策略是,在线上和线下都提供最好的服务。由此我们获得了美国所有银行中最高的存款增长率,而我们的网上银行使用率也高达 34%,这个使用率比富国银行还要高。

我不需要每天都向你进行营销,只要你在康美银行开户,我们就能通过你的流水获得收入。大银行常视零售客户为成本而不是收入来源,我从来不这样认为。

没有一家零售商能够通过降低零售网点数目而生存下去。同理,银行也不可能在让顾客不使用网点的同时保持正常经营。某些康美银行网点的单月顾客访问量可高达 10 万次,所有网点月平均访问量为 4 万次,而一家麦当劳餐厅的月平均访问量也只有 2 万次。"②

希尔的观点是,企业内部发展永远要比通过收购发展更有效率。他希望通过创新银行软件和硬件建设,建立一个新品牌。康美银行给百年未变的陈旧的银行服务体系

---

① 引自"康美银行",哈佛大学商学院案例,2006 年 10 月 3 日。
② 同上。

带来了一股清流,并引发了巨大挑战。

"并购不能使一家零售商真正发展起来,你只能从零开始建立零售渠道。并购本质上只是降成本的方法,但目标企业难以融合以及品牌稀释效应将成为企业走向失败的开端,美国每次银行间的大型并购都是以失败告终的。"[①]

在本书第 5 章,我们将讨论并购后企业组织、文化、员工素质整合的难度。虽然较为困难,但按照正确的方法问题是可以解决的。但是希尔的理论却是,为什么要增加这种不确定性呢?我们可以直接雇用新员工并按照工作要求培训他们。为什么我们要使用各家银行勉强整合在一起的老旧信息系统,而不是用新技术去建设新的信息系统?康美银行要做的是打破陈规,发挥后发优势。

希尔的业务模式还在 IT 系统、供应商、自动取款机(ATM)等其他领域寻求成本效益。这些利润会被投入用于改善用户体验、提升客户留存率等环节以赚取增值收入。康美银行在纽约的 ATM 网络建设是一个特别有趣的故事。希尔在新泽西州、宾夕法尼亚州和特拉华州都建立了出色的银行业务团队。然而他知道银行必须向纽约扩张,以成为规模更大的零售银行。在纽约找到办公室、为网点选营业地址、雇佣员工、推广康美银行的客户服务精神等,都不是什么问题,最大的问题在于:如何在纽约快速建立起 ATM 网络,以便和其他银行竞争。

要想提供高效便捷的服务,就必须让顾客能够免费且方便地使用康美银行的 ATM 设备。而在纽约建立完善 ATM 网络的花费巨大:一是设备本身造价较高,二是在于纽约高昂的房租。而康美银行要提供优质服务,就必须建立规模更大的 ATM 网络,这在短期内无疑是一项难以实现的任务。

在本书第 1 章中我们比较了外资在意大利收购一家本土银行与新建一家银行的优劣,我们认为通过收购当地银行进入国外市场,既可以缓解任务压力,又可以耗费较少时间。面对康美银行的困境,大部分人会认为可以根据需求的紧迫性,支付一个高溢价,直接买下一个完整的 ATM 网络,但不幸的是,没有 ATM 网络可供出售。

希尔提出了一个创造性的想法:康美银行直接对跨行使用 ATM 机的顾客进行补贴。顾客在纽约其他银行的 ATM 机上使用康美银行的账户办理业务将不需支付任何费用。康美银行由此避免了自建 ATM 机所需的巨额资本投入,快速进入了纽约市场。本质上,康美银行是以一个合理的价格租用了全纽约的 ATM 机器为自己服务。

康美银行网点多位于城市的繁华地带,环境整洁且服务友好,每家网点都提供统

---

① 引自"康美银行",哈佛大学商学院案例,2006 年 10 月 3 日。

一的高质量服务。希尔曾经说过："我们对康美银行的每个网点都了解得十分清楚"。除少数例外,康美银行大多数网点都是花费100万美元新建的,装修都是白色砖瓦外墙、金属屋顶、黑白大理石地板,提供相同的简洁支票和储蓄账户,甚至连顾客等待时候食用的棒棒糖和饼干都是一样的。康美银行的首席市场官指出："统一标准使我们的顾客感到轻松,他们无论走进哪一家网点,都不会有疑虑。"

网点选择至关重要,交通便利——距离公交车站或地铁站几分钟路程是首要的考虑因素。每一个网店的选址都是希尔亲自批准的,以保证网点和服务的一致性。康美银行的新建网点多靠近其他银行网点,但这并没有使希尔退缩。实际上,如果其他银行的网点由于竞争失败而停止营业,对应的康美银行营业网点将会被奖励5000美元。这种商业模式使康美银行取得了巨大成功,新的网点不断建成,银行自成立后18个月就实现了盈亏平衡,而其他银行普遍需要3年时间。

康美银行长期致力于提供高水平的客户服务,有时其服务质量都会超出客户想象。比如雨天里,银行工作人员会亲自撑伞将顾客送至车上。营业网点不仅会为客户的孩子提供点心,还会为客户的宠物狗提供饼干。希尔曾经说过:

> "康美银行有一个名为 WOW 的项目用来教会客户使用银行的各项服务。WOW 是康美大学的全职教育培训机构,共有41名员工。所有银行新入职员工都会接受一项名为'传统'的课程培训,课程包括游戏展示、职业培训和常识教育三个部分,课程设计轻松愉快,能够使员工学会如何与顾客友好相处。"[①]

优秀的员工是康美成功的另一关键,被收购企业的员工往往存在文化与偏好差异。通过雇用新员工,康美可以直接培育他们符合公司文化的价值观,这对员工聘用环节提出了更高的要求。比如康美银行在纽约招聘40人,进行了2 000余场面试。然而康美银行雇用的员工在经过培训后都能很好地胜任工作,为顾客提供超出需求的优质服务。

希尔不仅拒绝通过并购实现增长,还会使用其他银行的并购活动作为反面教材来教育员工,反过来增加康美银行自身优势。通常员工在并购活动中都会感到不适,并购后他们要去适应新的文化,学习新的银行业务操作系统。而康美银行有着不同的经营理念,员工也永远不需要去适应(若被收购后)新的规则。因此,与其为每次收购后的变化筋疲力尽,为什么不选择坚持员工热情、氛围更好的康美银行独立发展呢?

---

① 引自康美银行,哈佛大学商学院案例,2006年10月3日。

同样,银行客户也会在并购后感到不适,因为银行被收购后,相应的客户支票和储蓄账户号码也会发生变化。被收购银行的合同声明、条款以及工作时间都会按照收购银行的标准进行调整,客户银行卡也需要更换。康美银行就没有这些不便之处,其不会发生任何收购行为,银行客户可始终享受康美银行提供的高质量服务。

竞争者通常会提供更高的存款利率,康美银行必须让客户理解康美的核心价值在于高质量服务而不是高的存款利率。但问题在于,康美银行的服务差异化战略道路到底能走多远?是否所有顾客都会为银行的高品质服务买单?或许有很多顾客更愿意接受更高的存款利率。这些问题的答案将从下一步康美银行的战略计划实施结果中得到——希尔目前正准备将以顾客为中心的银行服务理念引入英国。

案例分析:大都汇银行

希尔将顾客导向型的服务模式输出到英国,成立了大都会银行(Metro Bank)。大都会银行是100多年来第一家从英国金融服务管理局获得新银行牌照的银行。自2010年开设第一家分行以来,大都会银行迅速扩张。目前它拥有66亿英镑(约85亿美元)的存款,超过40家网点,在英国是市值最大的250家上市公司之一。银行的每个网点都位于交通繁忙的区域,通常距离地铁站只有半英里。庞大的客流量和引人注目的网点是客户快速增长的驱动力。

我有机会参观了位于伦敦肯辛顿地区[①]、在我住所附近新开张的大都会银行网点。开幕式盛大并为到访者提供了各式礼物,甚至还有为宠物狗准备的饼干。顾客排队等着进银行,场面十分热闹,希尔和他的管理团队到场欢迎顾客并解答问题。

活动从周五早上持续到周日晚上。到周日晚上,银行网点门前开始平静下来。我和女儿在去肯辛顿大街[②]参加周日晚宴的路上碰巧经过那家网点。人群已经逐渐散去,但是希尔此时仍然在网点门前欢迎顾客。这就是客户服务。尽管非常富有,但希尔仍愿意花整个周末为一家新开业的网点造势。

大都会银行遵循与康美银行相似的标准,如营业时间长、大气豪华的营业网点、热

[①] 肯辛顿地区(Kensington)是英国伦敦市中心偏西部肯辛顿—切尔西区中的一个地区,是伦敦著名的富人区。——译者注
[②] 肯辛顿大街也称肯辛顿高街(Kensington High Street),是伦敦肯辛顿地区的主要购物街,大伦敦的35个主要中心之一。——译者注

情的服务等。在新技术的帮助下,大都会银行还承诺:客户在20分钟内可以带着一个新的支票账户、一个新的储蓄账户和一张用于处理ATM交易的银行卡离开。大都会保证当你打电话给客服人员时,客服人员会在两次振铃之内接电话,这与你打电话给传统银行时反复听循环录音有很大区别。大都会银行将客户服务视为利润来源而不是成本来源,通过优质的服务使客户满意,获得的新增收入要远大于其提供服务的新增成本。

想象一下,大都会银行给几十年未变的英国银行业的陈旧服务体系带来了怎样的冲击。希尔曾经说过:"康美银行既然能在美国成功,大都会银行在英国也一定会成功,因为英国的银行业服务水平更差。"希尔相信大都会银行能够战胜其他竞争者。然而,大都会的模式需要培养独特的员工和管理层文化,这种文化有以下几个特点:

(1)公司文化要与商业模式相匹配;
(2)公司文化要明晰且有说服力;
(3)聘用能力出众的员工;
(4)加强培训;
(5)反复强化;
(6)使员工有主人公意识。[1]

整合被收购公司的文化是极其困难的,既定规范和偏见可以形成强大的文化势力,嵌入组织中很难改变。并购的最大风险之一是收购者和目标企业双方的文化冲突。从零开始创建一家企业,希尔可以招募和培训价值观符合银行独特文化的员工,而不是改变他们原有的工作方式和习惯。

大都会银行的商业模式包括以下基本要素:

1. 核心客户存款创造价值

当前资本市场形势严峻,银行低成本的客户存款具有核心价值。

2. 顾客愿意用低存款利率换取优质服务

在MBA课堂上,我经常会问学生一个问题:在0.25%的利率下,银行每年会向他们的存款支付多少利息。通常大多数学生对于每年得到的存款利息没有概念。希尔的观点就认为顾客存款供给的价格弹性很低(存款利率不会影响顾客在哪家银行存款)。

另一方面,顾客对银行服务质量体验的供给弹性却是很高的。顾客往往会根据银

---

[1] 大都汇银行展示材料,2010年9月。

行提供的服务水平、网点是否便利、经营效率高低等，来决定在哪家银行储蓄。高品质的银行服务有助于培育客户忠诚度。

3. 成功的业务创造了粉丝而不仅是顾客

通过向客户提供超标准的服务，他们可以成为你在市场上最好的广告。粉丝会忠诚于你的银行并向朋友和家人推荐，客户群体会不断扩大。这是大都会银行最好的广告。

在第1章中，我们分析了购买还是创立意大利银行的案例。在这种情况下，我们认为，如果做得恰当，直接收购可能是最好的选择。那么，为什么现在要推荐希尔创立的策略呢？这种模式的优点在于：

建立企业文化。在创立企业的过程中，员工在被现有规范和偏见误导之前，就能向他们传递企业的文化和价值观。人们可以专注于正确的做事方式，而不是被不良行为所束缚。

不产生额外溢价。在多数并购交易中，买方必须支付卖方高额的溢价才能诱使其出售。创立新企业不需要额外溢价，以成本获得想要的资产和雇员即可。

更好的控制权。管理得当的情况下，管理层就能极好地控制创立的企业。无须明文规定的标准，业务流程可以在日常基础下被监督实施。反之，大规模的并购需要速成，往往缺少了对细节的足够关注。

更好的资本管理。不同于预先支付大笔资金，创建企业随时间而推进，资金变得更容易获得。如果这些资金比预期提前到位，还可以使项目加速进行。

亲自挑选优秀的团队。不管花费多少时间完成尽职调查，评估高级管理团队都很困难。仅仅依靠两天的调查时间，人们很少会和你想象中的一样。在新组建的公司里，虽然你需要花费时间来了解雇员，但没有时间的压力去得到结论。

不过，这种模式同样有缺点，包括：

时间。并购提供了一个得到公司、市场和财务结果更为便捷的渠道。不管如何优化组织，新建一个公司都需要更多的时间。新建公司需要招聘雇员、获得许可证、寻找场地等，这些都会比并购更加延迟经营。

地理和产品知识。在新建公司里，高级管理团队可能对所进入国家或正在开发的产品没有很好的认识，这使得快速发展业务和攫取机会变得更加困难。借用产品和当地专家会有所帮助，然而，大多数新建公司仍然会有一个学习曲线，而这种情况在并购中并不存在。

两者之间是否有折中

截至目前,本书已经分析了:(1)收购有效;(2)收购无效;(3)新成立公司有效;(4)新成立公司无效等四类案例。对于更为复杂的问题,一个更有效的策略是两家公司合伙或成立合资公司,而合资公司常常作为收购和新建公司的过渡桥梁来使用。

在典型的合资企业案例中,两家公司同意合作成立第三家独立企业,以解决市场、地域或产业问题。根据合资企业的结构,双方可将部分或全部业务注入合资企业,也可以成立一家不涉及合作双方业务的新企业。

然而合资企业也非万能,它也有如下问题:

不一致的利益。虽然许多合资企业的各方都怀着良好的初始意愿,但随着合资企业的发展,很容易偏离轨道。一些合资企业由于文化差异或在创业初期沟通不畅而表现不佳。随着时间的推移,企业的优先目标可能会随着每个合资伙伴的情况而变化。对合资企业的初始目的、最终目标以及继续合资企业的时间期限等有一个清晰的规划,可能是成功的关键。然而,没有人能够预测在合作文件签署后,这些合资企业的合作伙伴将会发生什么。

谁来掌控?许多合资企业是50%—50%的合伙关系。这样做是为了利益对等,并确保每个合作伙伴在合资企业中按照参与度分配经济价值。然而,这种绝对的权力分享让合资企业很难做出关键决策,特别是双方在重大问题上无法达成一致。因为没有一方享有绝对的控制权,决策过程可能会很慢。

一些企业以49%对51%来分配双方所有权,控股股东处理决策问题。然而即便如此,两方都希望自己可以控制重大决策如大型项目投资、市场进入,或者解散合资企业的最终决策权。

责任。正如在本章稍后提到的陶氏—康宁合资案例中所见,协议各方需对合资企业的经营活动承担连带责任。换句话说,作为合资企业的一方,还要对其他合伙人所做的行为负责,即使你没有参与或并不知情。这使得合伙人之间相处融洽变得非常重要。

终止合营。除非另有特别说明,合资企业成立后大多会永久持续经营。这使得解散合资企业变得非常困难。对于合资企业的价值及其未来前景,双方可能有非常不同的看法。除非合资企业一开始就确立了正式的解散原则,否则两方"离婚"时会陷入非常混乱的局面。

管理分散。合资企业为两家或数家合伙人共有,而每个合伙人都有自身的核心业务要经营。通过合资企业进入一个新的市场或地区,可能会分散各方对现有业务的注意力。

另一方面,合资企业可以为各方带来可观的增加价值,包括:

灵活性。如果结构合理,合资企业能带来经营的灵活性。合资企业的本质是现有两方的合伙关系,每方就合资企业的宗旨、经营结构和最终业绩目标达成一致。这种合作可以在合伙人的核心业务之外进行,能够限制(却无法消除)管理层通过合资企业开拓新市场时分心的程度。

有限责任。从理论上讲,合资企业的结构限制了出资人对合资企业权益所承担的责任。换句话说,合资企业产生的责任仅与母公司持有的股权价值相关。合资企业的权益与母公司依法分割,母公司不承担合资企业的法定责任。然而,正如我们将在陶氏—康宁公司案例中所见,在某些极端案例中,法院直接"戳穿公司的面纱"[①],向合资企业的母公司寻求损害赔偿,尽管法律文件显示母公司与合资企业已进行责任分割。

协同效应。在典型的合资企业中,每一方都为企业贡献了独特的价值。在某些情况下,可以简单理解为:一方提供资本,另一方有核心增长理念但缺乏资本加以实施。在其他情况下,两种独特技术的组合驱动了合资企业的创立。最后,许多合资企业是为了帮助一方扩张到另一方的所在地域。这种情况常见于新兴市场国家/地区,合资的一方拥有优良的产品和技术,而合资的另一方了解当地的法律法规。

无论如何,将双方的优势加以结合是多数合资企业创立的基本原理。但是,如果合资企业的结构设计不合理或设立目标不恰当,将对签署协议的合作伙伴造成非常负面的影响。

案例分析:陶氏—康宁公司

陶氏—康宁公司由于陷入乳房填充物的争议而招致合资企业的运营失利。陶氏—康宁公司开发了一种硅胶,用于防止飞机引擎到达一定高度时受潮。为了研究这

---

① piercing the veil of corporate,也称"揭开公司面纱",是一个法学用语。一般现代公司的股东是以出资为限承担有限责任,但在特定情形下(比如作为大股东的母公司通过关联交易掏空子公司),法院可以判决股东要对公司债务等承担连带赔偿责任,此时称为"戳穿公司面纱",主要是为了保护公司债权人的利益。——译者注

种新开发的硅胶产品的其他用途,合资企业陶氏—康宁公司成立于1943年。在过去的几十年里,由于硅胶的使用解决了一系列问题,合资企业运作良好。

公司以硅胶作为乳房填充物产生了问题。在20世纪80年代和90年代,集体诉讼表明陶氏—康宁公司的硅胶乳房填充物会造成系统性的健康问题。乳房填充物可能会发生恶化、泄漏,从而对女性的免疫系统造成严重破坏。这些索赔最先集中于诱发乳腺癌,然后转移到一系列自身免疫性疾病,包括狼疮、类风湿关节炎以及神经性疾病等。诉讼最先始于1984年,后来不断扩大范围,最后以集体诉讼和解的方式告终。之后,陶氏—康宁公司进入了长达9年的破产保护程序,直至2004年6月结束。

更为糟糕的是,原告决定采取超越合资企业股权的行动——应用"戳穿公司面纱"原则,直接向陶氏化学和康宁公司追讨法律责任。如前所述,合资公司的设立通常是为了保护母公司免于被起诉。按照该论点,合资企业是一个独立的法律实体,母公司仅是该实体的投资者,不承担投资资金价值以外的责任。因此,原告的损失只能向合资企业索求,而不应向母公司追偿。

然而,由于这起案件过于恶劣,涉及的索赔金额巨大,法院认定陶氏化学和康宁公司在其合资企业之外仍负有法律责任。两家母公司分别被起诉,被要求赔偿消费者的损失。为了摆脱漫长而曲折的消费者索赔诉讼,陶氏化学公司和康宁公司最终同意支付24亿美元,以和解方式终结了超过30万宗的索赔诉讼。

案例分析:巴克内尔工业集团

本章最后一个失败的合资企业案例是一家技术公司,我们将这家公司称为巴克内尔工业集团。它开发了一流的计算机模拟技术,更具体地说,公司把这项技术应用到卡车运输行业,能够以99%的真实度模拟卡车驾驶,而不需要真正上路。

用户坐在一个真正的卡车驾驶室内,驾驶室与路上行驶的卡车规格完全相同。驾驶室设置在一个由几个活塞支撑的平台上,周围是视频屏幕。当你坐在驾驶室里,感觉与在真实的道路上驾驶是一样的。

视频屏幕可以设置不同的驾驶环境:如果你驶过一个障碍,会有颠簸感;你可以选择雪天驾驶,此时踩下刹车同样会感到汽车打滑;转弯时,卡车的车厢也会向侧面倾斜,驾驶感觉十分真实。

模拟器的主要目的是提供在美国获得商业驾驶执照(CDL)所必需的训练。虽然在模拟器上的驾驶时间不计入获得驾照所需的驾驶时间,但这种训练使学生为驾照路考做了更好的准备。另一个目标是提高学生的驾驶效率,模拟驾驶室中的档位组件与真实卡车一致,一个计算机程序会自动跟踪学生的换挡效率。研究表明在模拟器受过训练的人,驾车能够节省 20% 的汽油。

安全问题是很多客户决定使用这项技术的原因。社会责任和交通事故的巨大成本,使许多大公司设置了安全监督官这一职务。安全监督官主要是为企业制定标准安全程序,降低因事故造成的损失。对于任何能降低事故发生率的技术,安全监督官都会感兴趣。巴克内尔的技术很好地满足了这些需求。

巴克内尔根据模拟器研发了第二款产品——一款被屏幕环绕的警车复制品。该款产品把两辆警车用电脑连接,可模拟道路高速追逐的场景。由于在真实道路上进行高速追逐训练风险太大,这款产品对警方来说十分有用。

与第三方合资的同时,巴克内尔还有第三款正在研发的产品——一个飞机拖车模拟器。飞机拖车是一种在机场跑道和桥位之间拖运飞机的牵引车。现实中训练飞机拖车驾驶员需要一个备用拖车、一架备用飞机,和一条备用跑道,会造成大量设备浪费。通过使用模拟器,可模拟与真实情况 99% 相似的拖车驾驶体验,还不用担心在跑道上训练的安全问题。

多年以来,巴克内尔为研发这款产品进行了不懈努力。大量的资本被投入研发,然而当这款产品要进行商业化应用时,巴克内尔发现公司已无足够资金。这就是合资企业成立的重要原因,一方提供技术,另一方提供资本,强强联合。

一家名为 GINT 的公司向巴克内尔提供了资本,然而仅有资金还不足以让这个项目启动。在管理合资企业时,GINT 遇到了一系列问题。其中最主要的是 GINT 需要决定建造的模拟器是用来出售还是用来进行人员培训。长期以来,巴克内尔建造的模拟器都是直接出售,该模式相对简单,且市场需求量很大,产品利润率较高。然而 GINT 却决定建造模拟器用于人员培训,这项看似简单的变化却带来了很多复杂问题。一是人员培训需要进行教材编写和课程研发;二是人员培训需要租赁或者购买教学场地,而 GINT 很快意识到解决场地问题需要耗费大量精力。此外,GINT 和巴克内尔两家企业文化差异较大,很难融合。

最后,GINT 和巴克内尔决定终止合作。实际上,在合作之前,两家公司对合资企业的合作模式、发展路径和管理责任等都没有进行很好的规划。GINT 也低估了自建模拟器进行人员培训需要投入的资本。

更麻烦的是,两家公司在签署合资协议时,并没有涉及关于终止合作的条款。当

GINT 和巴克内尔决定终止合资企业运营时,企业资产、管理团队和剩余资本将如何处置以及巴克内尔的品牌最终归属等,都成为困扰。GINT 和巴克内尔陷入了漫长的处置纠纷中,严重影响了两家企业的核心业务。

本章结论

也许大家已经疑惑——是完全收购、新建企业还是成立合资公司更好?抑或什么都不做?答案当然要视情况而定。如果结构设计恰当,每种合并方式都能有效发挥作用,要点如下:

了解你的合作伙伴。收购决策是否正确,合作伙伴是成功的关键。不管公司的组织结构如何,在合资企业或创立企业中要对合并企业的文化和雇员进行了解。而对于任何合并,选择优秀的管理团队都是重大决定。

全资收购往往更为困难。尽职调查对目标企业管理团队的了解非常有限。收购方必须要对目标企业的雇员有全面的了解,包括他们与收购方企业文化的冲突和偏见。

目标明确。对于合资企业而言,在合并之前就能确立一个适合双方的目标至关重要。在最开始,雇员就要对经营目的、长期目标以及员工职能具有清晰的了解。

在 100% 的收购案中,沟通是开始的第一步。被收购方雇员对收购充满焦虑,他们想知道后续进程以及新公司对员工的待遇如何。而与被收购方雇员进行清楚、直接、明确的对话,可以使这个煎熬的过程开展得更积极一些。

退出时机明确。尽管初衷是好的,但有些并购案没能尽如人意。对于合资公司而言,在最开始就商议好解散流程可以大大简化退出机制。不管合作是否顺利,雇员都要清楚自己的职责。其他激励机制包括奖金、终止合同条款等,有助于被收购方员工和收购方利益一致的激励行为。

理解文化。正确的企业文化对合并顺利同等重要,特别是合资企业。就如我们在巴克内尔的例子中所见,整合企业文化是成功的首要条件。还有在第五章会出现的时代华纳公司,我们都会发现不管开始如何,互不相容的企业文化最终会摧毁合并。

忍耐力。忍耐力对合并同样重要。任何合并都需要花费远远超过预期的时间,特别是在初始环节,判断合作是否有意义就要花费 9—12 个月的时间,更不要说企业正常运营直至获利还要多久。在合资企业中,合伙人双方必须要有耐心,而文化差异对于跨境合作的顺利尤为重要。因此,只有对合作伙伴有耐心才是合作成功的关键。

关注度。不管是并购、合资还是新建,我们都不能低估要为之付出的努力。管理层的谨慎态度对于交易的成功格外重要。合资、新建或者收购都是发展企业的重要举措,能够带来可观的收入。然而,如果缺少谨慎认真的态度,上述任何形式的合并都不会顺利。企业高层需要对企业的发展模式确定基调,树立榜样并坚定执行。

过去数十年,全球经济波动给领导者带来了全方位的压力。生意顺利发展谈何容易!并购能给主业陷入危机的公司带来新的生机,何种并购形式并不重要,同样的规则可以适用于新建、合资或是收购中。并购成功的关键取决于视野、毅力和文化敏感度,很多人没有意识到并购既是风险也是机会,如果进行顺利,将会使你的公司和职业更上一层楼。

第3章　买者自负

什么是糟糕的？所有这些都是由于软弱造成的。

——弗里德里希·尼采（Friedrich Nietzsche）

尽职调查是指买方完成对目标公司的审查，以确定是否购买潜在目标公司以及支付多少。例如，你正在市场上寻找购买一套新房子。你会想要检查卖方的披露清单上反映的任何问题；检查物业，看看是否有产权上的留置权、抵押贷款等。收购一家公司与购买房子也没有什么两样。在合法购买之前，你需要确定知道要买的是什么。然而尽管对大多数人来说，这听起来像是简单的常识，但在很多情况下，有些堪称熟练的买家在数十亿美元的收购中都没有进行充分的尽职调查，那么结果无疑将是一场灾难。

事实上，所有并购交易中最常见的问题之一，就是买家未能完成充分的尽职调查。以美国银行（Bank of America）以500亿美元收购美林（Merrill Lynch）证券公司为例。从周五晚上开始到周一上午①，美国银行完成了收购美林证券的决定。试问谁能在48小时之内完成对一家全球大型系统性重要投资银行的整个尽职调查过程？大多数人在决定买新房子还是买辆车上花的时间，比美国银行花在这笔数百亿美元交易上的时间都要多。美国银行收购美林证券，是管理层真正理解他们所购买的东西，并准备好了大干一场？还是有其他的原因——比如来自政府的压力？

正如《纽约时报》的查尔斯·杜希格（Charles Duhigg）当时所言："48小时内你无法尽职调查，你也不能拿银行的账簿来确定负债在哪里，风险在哪里，谁为了今年得到一笔不错的奖金隐瞒了什么。你不可能在48小时内知道你到底买了什么。"②参与交易的各方在周日晚上匆忙达成交易，但他们知道问题也将接踵而至。美林证券的首席执行官约翰·塞恩（John Thain）表示："汉克·保尔森（Hank Paulson）强烈地鼓舞我

---

① 由于是全部股票的买断交易，在美国银行宣布500亿美元收购之后，美林公司的股票市值随后下跌至了210亿美元。
② 迈克尔·柯克，吉姆·吉尔摩和迈克维斯. 击垮银行[J]. 前线杂志，2009-6-16.

们完成这笔交易。"①

要避免由于压力而草率达成交易,不管压力的来源是什么。一项成功交易的关键一点是:在你承诺之前,充分有把握地了解你真正在购买什么!

瓦乔维亚银行购买金色西部银行

在第二个案例中,瓦乔维亚银行(Wachovia Corporation)决定进入当时看来利润丰厚的美国加州次级抵押贷款市场,他们看到了扩张资产规模和创造高利润业务的机会。事后看来,瓦乔维亚银行错误地在经济周期的顶点买入,而买入时刻就在房地产泡沫破裂前夕。人们可能会质疑,在瓦乔维亚做出收购承诺之前是否目标企业存在明显的泡沫迹象。如果能有一个彻底详细的尽职调查,至少应会发现一些针对金色西部银行的特定问题,瓦乔维亚就会采取行动,要么降低收购价格,要么干脆放弃收购。

下面让我们回顾一下这笔交易当时的背景。瓦乔维亚银行是由夏洛特(Charlotte)、第一联合公司(First Union Corporation)和温斯顿—萨拉姆(Winston-Salem)的瓦乔维亚公司基础上在2001年合并而成的。瓦乔维亚银行提供了广泛的银行借贷、财富管理、资产管理、资本管理以及为企业提供各类投资银行产品和服务。它是美国第四大银行集团和第三大零售证券经纪公司。② 金色西部银行(Golden West Financial,以下简称金色西部)是美国第二大储蓄和房屋贷款(S&L)银行,它以世界储蓄银行的名义经营分支机构。金色西部还拥有亚特拉斯咨询公司,该咨询公司为亚特拉斯家族的共同基金和年金投资做咨询顾问。因此,这两家大型且多样化企业的结合,确实是高瞻远瞩。

金色西部以其"高回报—规避风险"的增长策略而自豪,该公司主要为借款人提供合理而稳健的住房按揭贷款而闻名,这些借款者拥有高质量受担保的住房,而且这些住房抵押贷款都经过了金色西部银行的审慎评估与合理定价。2005年金色西部的贷款团队发起了创纪录的515亿美元抵押贷款,其中99%为可调利率抵押贷款。③ 2005年12月31日,金色西部的总资产达到1 250亿美元。赫伯特(Herbert)和马里恩·

---

① 迈克尔·柯克,吉姆·吉尔摩和迈克维斯. 击垮银行[J]. 前线杂志,2009-6-16.
② 美国讲的 Brokerage firm,经纪公司,对应国内的券商。——译者注
③ 可调利率抵押贷款(Adjustable-rate mortgage,ARM),利率与其他证券收益挂钩,并且定期调整,每年调整的幅度有所限制。

桑德勒(Marion Sandler)是金色西部银行的创始人,他们在2005年拥有大约10%的股份。2006年《财富》杂志将金色西部评为抵押贷款服务行业"最受尊敬的公司"。

瓦乔维亚银行面临的问题与许多大公司面临的问题相同:即股东要求保持业绩增长的压力。他们必须决定通过何种方式进入加州的抵押贷款市场:要么自己扎根建立一个实体企业(被称为"de-novo"),要么收购一个已经拥有很大市场份额的公司。瓦乔维亚银行不想错过加州抵押贷款业务大跃进的盛宴,所以他们选择了更快的方式——收购一家公司。虽然这为瓦乔维亚银行进入新市场提供了直接的机会,但也打开了潜在的法律、税务、风险或其他债务的大门,而有些潜在的债务在交易达成之时并不可知。

2006年5月7日,瓦乔维亚银行宣布收购金色西部。该笔交易对价是金色西部银行账面净资产价值的2.8倍,而这也让瓦乔维亚银行在其资产负债表里增加了1 250亿美元的账面资产价值,这些资产中的大部分都是集中在加州的房屋抵押贷款。这笔交易扩展了瓦乔维亚银行在加州的业务版图,增加了零售业务份额和区域分布,使瓦乔维亚银行在抵押贷款方面有了更大的业务规模,并直接在美国西部五大银行中占据了一席之位。

通过收购进入加州炙手可热的房地产市场,将资产增长20%的机会太过诱人而不容错过。围绕共享分销渠道、产品交叉销售和强劲未来增长前景等的协同效应,上述这些只是促使瓦乔维亚进行此次收购的部分因素。瓦乔维亚首席执行官肯·汤普森表示:"40年来,金色西部从容地应对整个行业的挑战,作为一个规避风险的住房按揭贷款组合的贷款人,保持着独特的专注。"其结果是,即使是在历史上最艰难的一年,也没有出现信贷损失。

对金色西部来说,出售资产的意图很大程度上是受首席执行官和公司控股股东赫伯特和马里恩·桑德勒的意愿,他们在将金色西部建设成为一家大型银行后退休。在过去40年时间里桑德勒夫妇的年收入增长接近20%。幸运的是,对金色西部的股东来说,他们的卖出时机是完美的,因为股东出售股票发生在房地产繁荣的顶峰时期。如果股东在这段时间内没有出售金色西部,随后将会遭受巨大损失。

大多数跟踪瓦乔维亚的证券分析师当时都赞同这笔交易,但也提到了一些风险点,包括:

- 与2005年相比,金色西部2006年的新抵押贷款收购市场有所放缓。
- 交易相关的横向整合风险。
- 低迷的股市可能会影响瓦乔维亚银行的经纪业务和投资银行收入。

分析师们喜欢金色西部银行的几点是：通过庞大的分支网络进行交叉销售的潜力、低水平的不良资产率，以及较低的业务风险状况。

然而，也有人质疑，为什么瓦乔维亚会在被认为估值过高的时候，大量投资加州抵押贷款市场呢？令这一局面更加复杂的是，瓦乔维亚在进行此项收购之前只完成了一周时间的尽职调查。支付给银行的高额保险费受到了质疑。分析师还指出，将只有两款产品的储蓄贷款机构——金色西部转变为像瓦乔维亚这样拥有多条产品线、产品交叉销售的综合经营全能银行，可能存在重大的执行风险。

尽管股票分析师普遍支持该交易，但瓦乔维亚银行的投资者对这一消息反应偏负面，仅宣告的当天股价就下跌了7%。该股在接下来的一个月里继续表现不佳，收益弱于标普500指数。正如一位分析师所说，"我认为股价下跌是因为投资者希望这家公司专注于内部增长，而其管理层更倾向于通过收购来维持增长"。管理层要么没有得到该信息，要么对这种观点熟视无睹[①]。

金色西部银行快马加鞭地增加抵押贷款业务，以满足收购预期中的激进目标。在大多数并购案中，买方将在交易结束后立即控制目标公司，并执行推动收购方的战略和流程。然而，金色西部银行的高管们控制了抵押贷款的所有领域，他们继续推进金色西部发放更为激进的贷款。这一决定最终使合并后的公司面临重大危机。

金色西部银行产品的一个例子是"快速达标者"（Quick Qualifier）项目：贷款人的就业、收入和资产都按最低限度标准执行，或者在金色西部银行的部分贷款根本就没有核实真实贷款人的情况，也被称为"欺骗性贷款"。银行相信客户在申请表格中填写的关于其偿还能力的任何信息，而不会通过任何独立调查来核实数据的真实性。金色西部不审核客户的信用记录，取而代之的是聚焦于对被抵押房屋进行准确的价值评估，以确保房屋价值超过抵押贷款金额。这一做法的逻辑出发点是：如果借款人抵押贷款逾期未缴，银行就可以收回房子，然后卖掉房子，用卖掉房产的收益覆盖抵押贷款损失。银行"理性"地认为——房价将一如既往地持续上涨，只要他们放贷额度不超过房子的价值，就不会出现任何损失。

但是即使这样借款人也还不满足。一种名为"选择支付"（pick A payment）的新贷款项目被引入市场。在这种贷款中，房主（借款人）决定每个月支付多少钱。如果房主负担不起每月的还款，他可以把任何未付的贷款金额计入本金结余中，然后再支付。换句话说，如果房屋买家没有现金支付月供，贷款本金金额实际上可以根据买家的选

---

① 庞克·泽格尔公司，2007年5月31日。

择进行增加，而不是每个月都要偿还贷款余额。这种策略理论上是可行的，但前提是房价必须继续随着抵押贷款的增加而上涨。当房地产泡沫破裂，房屋价格突然下跌时，这种"选择支付"的新贷款项目的未偿到期金额和抵押房屋价值的缺口变得更大了。

尽管房地产市场开始出现崩溃迹象，但金色西部银行的激进放贷量仍在快速增长。在经济景气时期，金色西部银行强劲的投资组合表现得益于房价的上涨，而不是通过这些抵押贷款背后的可靠客户数目的增加。当房价每年都在上涨时，借款人很难会赔钱。然而，随着住房市场价值的暴跌，违约事件增加，由于银行借出的贷款金额超过了房屋的价值，银行深陷于贷款的泥沼中。在美国，这些贷款的市场价值已经跌破其账面值，损失开始迅速增加。

所以到底是哪里出了问题？为什么瓦乔维亚银行会在错误的时机通过收购进入过热的加州抵押贷款市场呢？难道他们不应该预见到这些问题的出现吗？这一系列事件凸显了对收购目标潜在的风险和回报进行彻底独立分析的重要性。瓦乔维亚在同意收购金色西部银行之前，尽职调查只用了一周的时间。对于收购方来说，没有足够的时间去理解像金色西部这样如此的复杂银行，更不用说有能力在房地产市场的顶部对价值数十亿美元的抵押贷款组合进行充分评估了。

每一笔并购交易都需要不同的尽职调查技巧。例如，收购方在挑选并购财务顾问的时候，分析一家油气公司和一家金融服务公司是截然不同的。技能的要求、对行业的理解，以及对交易特定问题的敏感性，都可能会呈现出完全不同的情况。一些咨询人员更善于评估宏观经济趋势和行业战略等偏宏观问题。另一些则更为务实，擅长解决整合规划和微观层面的经济问题。选择合适的并购财务顾问——一个你可以放心地交给他们任务的顾问，是非常重要的。

正如我们将在本书后面看到的，国际并购交易使得尽职调查变得更加复杂。对发达经济体公司的分析与新兴市场非常不同。根据地区的不同，可能需要一组不同的财务顾问来了解当地的法律法规、税法和人力资源等问题。如今，大多数交易都是复杂的全球收购，需要所有这些不同的技能才能进行类似的交易。在目标公司所在国开展业务，然而却没有雇用当地的咨询人员，这极可能是一个严重的错误。

下面是10种可以改进尽职调查过程的最佳实践，帮助买家避免在重大收购中一再地出现失误：

1. 建立一个核心控制人制度，且对尽职调查的所有方面负责

买方的并购核心控制人可以帮助协调外部供应商，调动买方的内部资源，并确保

对不可避免的各种问题给予足够的关注。这个核心控制人作为责任人，可以向首席执行官和董事会提供一致和可靠的反馈，以便对是否继续进行交易做出明智的决定。

2. 在完成充分的尽职调查之前，避免被强迫达成交易

这听起来很简单，但在重大交易中却常常被人被忽视。很难知道美国银行收购美林证券背后究竟发生了什么。然而有证据显示，美国政府至少对美林首席执行官约翰·塞恩和美国银行首席执行官肯·刘易斯施加了一定程度的压力，要求他们在周日晚间前完成交易，以避免美林在周一上午之前破产。这让这些首席执行官处于非常困难的境地，他们试图平衡股东的利益和美林破产对全球经济带来的影响。

3. 雇用专家，但是检查他们的工作

通常情况下，买家会向外部会计师、律师、咨询师等中介机构移交完全的控制权和尽职调查责任。虽然这些中介机构是必要的和有益的，但是对每笔交易最终负责的人，取决于"最终支付支票的人（即付费方，指并购买家）"。所有外部顾问提供的信息需要仔细审查和独立评估。同样重要的是，要全面了解这些信息，才能对整个交易有一个整体的看法。法律风险、税务问题、总体战略等往往相互影响，应该对它们进行高水平的评估，以确定交易的总体风险和回报。

4. 极力保持客观

经过数周或数月的尽职调查后，交易团队很容易失去他们的洞察力。但在某些情况下，最好的交易也可能会被错过。团队不能对一项交易产生情感上的依附，不管他们对此投入了多长时间。私募股权行业的一个最佳做法是：在交易获得最终批准前，引入一个全新的交易团队。这让人们有了一个全新的视角，而不是像以前那样情绪化地参与到交易中来，并常常能发现出可能被遗漏的问题。

5. 从尽职调查的第一天起，任命一个专业人员做总负责人

通常情况下，负责尽职调查的人会在并购交易协议签署后就不管不问了，然后将项目移交给新的运营团队，而新的团队对交易项目的来龙去脉一无所知。让一名负责整合的人员从尽职调查开始就参与进来，可以让她了解问题、了解管理团队、了解战略。最好的做法是在签署并购交易文件之前，制定一个"100天计划"，这样在完成交易后的第一天起，整合团队就可以开始执行买家的战略。交易完成后的最初几周非常关键，因为员工的不确定性以及所有权交接过程中，经常会出现风险。

6. 在买方和卖方之间签署正式的过渡期服务协议

这为卖方提供了继续执行诸如薪酬、税务、IT 系统等必要服务系统的准备，直到买方有时间将这些流程转移到自己的人事和公司系统中去。然而，过渡期安排与卖家

之间常存在着矛盾，他们往往希望尽快脱手，而买家则希望有更多的时间来转换到新系统。大多数过渡服务协议的期限为 3 至 6 个月。

7. 检查收购承诺

通常情况下，交易团队被允许在收购中做出过于激进的假设，以证明赢得交易的价格是合理的，但不管后来收购的结果如何，却永远都不会被质疑。通过建立一个过程和一个预期，将并购预测数据与后续目标企业实际结果进行定期的比较，将审查结果提交给董事会，这样做是为了对事前收购批准进行更好的控制。当人们知道将为结果负责时，他们的行为就会有所不同。

8. 文化是非常重要的一个因素

在进行国际并购交易尽职调查的时候，了解法律、客户和监管框架的差异至关重要。你的尽职调查团队需要包括内、外部顾问，或者对各方面差异性上富有经验和鉴别力的人。并购合同中既包括提前退出交易的交易前条款，也包括交易后的经营业务风险控制条款。

9. 人的因素是最关键的

在所有并购尽职调查的最佳实践中，这是最重要的一个。目标公司管理团队的质量可以从根本上决定交易能否成功。这些人运用和决定你的投资绩效，包括你为购买目标公司投资的数十亿美元。但对管理团队的正式评估常常被忽视。交易团队花大量时间与律师沟通，了解潜在的责任，与财务顾问一起制定策略，与会计师一起了解数据。但是买家管理层的决定通常是在几次会议或者两小时的晚餐之后做出的。越来越多的买家开始通过心理测试、性格分析，以及分析买卖双方管理团队之间如何相互影响等，来使评估过程更加专业化。如果新公司由买方和卖方的管理团队共同运营，那么对双方管理团队的心理、性格测试等的最后一点尤为重要。

10. 在收入协同效应方面要特别小心

正如前面讨论的，协同效应是收购后两家公司产生总价值超过买家和卖家公司单独存在时的价值之和的部分。协同效应有两种基本的形式：成本协同效应、收入协同效应。

成本协同效应并不容易实现，但这个价值通常买方是可估的。产生成本协同效应所需的所有行动都在管理层的控制之下。买家可以很容易地关闭门店以削减人力支出，并兑现他们在收购中假定的预测价值。

收入协同效应更为复杂，也更难实现。它们包括公司的客户群、分销渠道或产品供应等。这种协同效应的一个典型例子是：一家大型制药公司收购一家中小型生物技术公司,以获得一种新药。制药公司需要一系列的药物来替代那些过时或陈旧的药物,或者他们的受专利保护即将到期的药物。

制药公司不会持续地将研发费用投入到新药上,而是会购买那些规模较小、更灵活的生物技术公司已经批准的药物。通过将这些药物引入制药公司成熟的分销渠道和客户基础中,可以产生典型的收入协同效应。由于客户关系已经成熟,所以不需要增加多少营销工作。但正如我们一再看到的那样,收入协同效应更难控制和实现。比如,对于从未实现的预期协同效应,美国在线(AOL)收购时代华纳(Time Warner)就是典型的案例。

美国在线与时代华纳合并

回顾这次合并,那是在2003年互联网时代刚刚开始的时候。美国在线在发展互联网业务方面处于行业领先地位,每月有数百万用户呈现几何级增长。在当今这个完全互联的世界里,要理解这一点有些困难。但在当时网络业务能够远程连接数以百万计客户的能力是前所未有的。不过,即使对于当时的美国在线而言,也在苦苦挣扎。为了建立这个网络,如何将他们不得不投资于技术和市场的巨大成本转换为货币、实现盈利,是一个巨大的挑战。对于像美国在线这样的公司来说,如果他们不知道该向这些忠实的用户销售什么产品和服务,那么,拥有用户本身就没有什么价值。尽管美国在线有着创新的产品和指数增长的客户群,但证券分析师们担心的是,美国在线将在较长的时期内才能实现盈利。

美国在线是新时代互联网公司的先驱,而时代华纳是一个典型的老派公司。时代华纳在商业上有着悠久的历史和保守的经营理念,拥有大量纸质出版物,也涵盖电影、电视、杂志等各个业务。但他们缺乏网络业务,而网络业务被预测将取代目前的纸质杂志和报纸的分销渠道。2001年1月,两家公司完成了价值3 500亿美元的合并,其中780亿美元通过借债来筹资。还有什么比这个合并案例更好的方法来促进收入协同效应呢?时代华纳拥有内容但无法在网上发布;AOL拥有网络在线业务,但缺少人们想购买的内容。这是实现收入协同效应的典型机会。

从理论上讲,这笔交易听起来相当不错,但结果却是一场灾难!

合并后,美国在线用户增长放缓,时代华纳的广告销售也开始下滑。这笔交易所预期带来的巨大的收入协同效应,实现起来却非常缓慢。所有互联网公司的估值泡沫都破裂了。最后,各自独立存在的两家优秀公司,合并已经开始损毁价值了。2003年1月13日,美国在线首席执行官史蒂文·凯斯(Steven Case)被迫辞职,原因是"股东对公司和我个人的失望"。

但即使在史蒂文·凯斯辞职后,合并后公司存在的问题仍持续了十多年。直到2015年1月,也就是两家公司合并后的15周年,美国在线的市值降至36亿美元,时代华纳的市值降至689亿美元。相比之下,美国在线与时代华纳合并时的总估值为2 800亿美元,换句话说在15年内价值缩水逾2 000亿美元。[①] 最终,两家公司再次分道扬镳,他们意识到共同合作实在太难了。美国在线收购时代华纳已成为失败收购案例的典型代表!

到底是哪里出了错?想想看:时代华纳这样老牌旧经纪公司的文化——这家公司总部位于东海岸,有着悠久的历史和保守主义的管理团队。相比之下,西海岸初创公司的文化则是年轻的员工、随意的着装和休息室里的乒乓球台。正如我们前面提到的,除非买方和卖方愿意鼎力合作,而且客户愿意积极响应,否则要实现收入协同效应是非常困难的。在美国在线—时代华纳的案例中,公司文化从未融合,客户也不为此买账,本来两家各自独立经营很好的公司被合并毁于一旦。

这一案例强调了尽职调查过程中审视买方和卖方文化的重要性。收入协同效应很难量化和实现,因为它们依赖于一些特定的因素,如客户偏好、员工文化以及合作意愿。另一种实现渠道是成本协同效应,成本协同效应更容易计算,例如由劳动力成本减少10%带来总成本削减的情况。尽管协同效应难以实现,买卖双方常常不能客观地看待并固执地要达成交易。当他们意识到无法实现这些协同效应时,往往为时已晚。

里塔·甘瑟·麦克格莱斯(Rita Gunther McGrath)[②]在《财富》(Fortune)杂志上发表的一篇文章完美地阐述了这一点:

> 两家公司在文化整合方面从一开始就存在问题。当然,参与合并的律师和其他专业人士在数据方面均按部就班地做了尽职调查。而同样需要做尽职调查的还有文化,但他们显然没有进行这项工作。美国在线的人员雄心勃勃,而且在许多人看来都很自大,他们让较为保守且更有组织性的时代华纳同事"吓了一跳"。双方

---

① 凯蒂·博纳. 美国在线与时代华纳灾难的教训[J]. 彭博视角,2015-1-14.
② 里塔·甘瑟·麦克格莱斯(Rita Gunther McGrath)是哥伦比亚商学院商业策略教授,代表著作有《竞争优势的终结:怎样让策略和业务同步发展》。——译者注

互不尊重,导致了内部员工不和,因此,合作与预期的协同效应都从未能实现①。

富国银行收购瓦乔维亚银行

回想 2008 年 10 月,富国银行(Wells Fargo)以 151 亿美元的价格收购了瓦乔维亚银行,其中包括从已经陷入困境的金色西部银行兼并过来的业务。瓦乔维亚最初收购金色西部的一个关键风险是,"将只有两种产品的金色西部储蓄银行业务,转变成像瓦乔维亚银行那样的全面服务银行②,拥有多条产品线,并在这些产品线之间进行交叉销售"。显然,对于富国银行来说,交叉销售将是这笔交易产生实质性收入协同效应的一个主要来源。

你可以猜到接下来会发生什么。这些旨在合并企业之间产生协同效应的交叉销售的做法,最终给富国银行及其首席执行官约翰·斯腾普夫(John Stumpf)带来了严重问题。以下是当时财经媒体的头条新闻:

《财富》杂志,2016 年 9 月 12 日报道:《富国银行在销售丑闻后停止交叉销售》。

《金融品牌》杂志,2017 年 4 月报道:《是什么导致了富国银行的交叉销售文化？有毒的高管》

彭博社,2016 年 9 月 12 日报道:《陷入交叉销售丑闻,富国银行首席执行官前往参议院听证会作证》。

2016 年,有 5300 名富国银行员工为现有客户创建了 200 多万个虚假存款和信用卡账户,以"积极"地实现内部交叉销售的目标,制定这些目标是为了最大限度地增加每个客户所购买不同富国银行产品的数量。正如我们前面所解释的,添加产品并将其卖给现有客户,可以成为收入协同效应的主要驱动因素,而边际成本非常低。事实上早在 2008 年,这点就被认为是金色西部银行与瓦乔维亚银行两家银行合并的核心推动力,但交叉销售必须合乎道德操守,并得到每个客户的充分同意。

富国银行收购瓦乔维亚银行的最后一个案例突出了本章讨论的关于尽职调查、整

---

① 里塔·麦克格莱斯. 15 年后,美国在线并购时代华纳失败的教训[J]. 财富,2015-1-15.
② 全面服务银行:此类投资银行既开展代客户买卖股票和债券、为企业提供建议等服务,也以自有资金进行交易。——译者注

合和文化的三个教训：

1. 需要特别注意收入协同效应

现实中协同效应往往比金融模型中预测的要难得多。富国银行是一个不幸的例子——追求结果带来的压力，可能导致不切实际的目标规划，而员工们试图将任务规划延伸得太高而无法实现。

2. 整合的重要性

在富国银行收购瓦乔维亚银行之后，最终发现交叉销售这样的违规行为，可能与金色西部银行的做法有关，而与瓦乔维亚银行无关。然而，整合目标公司与收购方公司的业务是一个需要仔细协调的任务。如果管理不当，很容易导致滥用。目标公司的新员工可能会试图给人良好的第一印象，以满足目标公司的财务目标。因此，当目标公司员工看到买方采取的整合行为所带来的可疑和危险，也不会说出来，尤其是不良的惯例已经实行多年，也没有带来什么后果。

3. 文化的重要性

鉴于这个问题的严重性，对富国银行最严厉的批评之一，即是5 300名员工私自开设了200万个账户，管理层要么知道、要么应该知道交叉销售的严重不良问题。富国银行内部调查人员撰写了一份长达113页的调查报告，其中总结道：富国银行首席执行官约翰·斯腾普夫"天性乐观，拒绝相信交叉销售模式会受到严重损害"[1]，相信交叉销售的模式是可行的。公司高层如果不能以身作则、自身作乱，整个公司就会陋习百出，靡然成风，所谓"上梁不正下梁歪"。该报告的结论是，高管确实知道存在滥用交叉销售的做法，但几乎没有采取什么纠正措施。

---

[1] 杰弗瑞·皮彻尔. 是什么造就了富国银行腐败的交叉销售文化？——有毒的高管[J]. 金融品牌，2017—4—17.

第 4 章　拓展全球业务的机遇和风险

对于全球金融危机,我们所能知道的就是,我们并不了解危机。

——保罗·萨缪尔森[①]

随着地区经济的全球化日益加深,针对只在本国市场开展业务的公司来说,向海外市场扩张就是一个自然的发展过程。获得新产品和新客户是公司持续增长的动力,特别是如果公司已经获得了当前的高市场份额。一家大型企业成功地从一个纯粹的国内公司转型为全球性公司的例子,不胜枚举。诸如通用电气(General Electric)、联合技术公司(United Technologies)和高盛(Goldman Sachs)公司等,已经成为真正的国际化企业,它们不是通过撤出国内市场,而是通过取得核心竞争力并将其扩张至海外。

公司一般通过收购、合伙或合资企业等形式在全球扩张。理念是,通过与当地伙伴的合作,就能更容易地了解每个市场以及在当地如何开展业务。还有什么比雇用当地人更能了解当地习俗和法规的方法呢? 收购一家高质量的海外公司,可能是在新市场上以审慎的方式迅速扩大规模的一种办法。可以说,这比尝试在海外从头开始创业要容易得多。

想想在一个新国家从头开始做生意需要做些什么。你首先需要雇用当地的员工。许多行业需要在当地取得许可证才能开展业务,这需要数月时间等待获得许可。你需要找到办公空间和建立新的生产设备、开发品牌名称、寻找客户等。你需要在一个千里之外的国家,一个有着不同文化、习俗和语言的国家里完成这些事情。虽然这是可以做到的,但是一个事无巨细而耗时的过程,需要几个月甚至几年的时间才能完全了解并建立一个有利可图的企业。

[①] 保罗·萨缪尔森(Paul A. Samuelson,1915—2009),美国著名经济学家,1935 年毕业于芝加哥大学,随后获得哈佛大学的硕士学位和博士学位,并一直在麻省理工学院任经济学教授,1970 年获诺贝尔经济学奖,被誉为"当代凯恩斯主义"的集大成者,"经济学的最后一个通才"。——译者注

相比之下，兼并收购则很吸引人。它可以让你在新的海外市场立即获得存在感。你不需要花时间去雇用销售人员或管理团队；你不需要经过冗长的审批程序，就可以获得外国投资者特别难以获得的本地执照；你不必花费时间和成本去建立一个品牌，等等。通过并购进入新的国家，比随时间的推移建立一个新企业从而获得存在感，看起来更为诱人。

然而，通过并购在海外扩张的风险往往被低估。尽管纯粹的国内业务并购很困难，但在全球化背景下的并购则更加复杂。文化和行为范式的差异会使双方很难沟通，地方法规和政治结构也会徒增复杂度。尽管并购提供了一个更快地进入新国家的入口，但通常而言，收购一家公司的成本要比自下而上建立一家新公司的成本高得多。对于一家盈利、运营良好的公司来说，多数卖家会要求比当前真实市值高出很多的溢价。可以理解的是，他们会期望得到一笔奖励，以补偿他们为从头开始构建公司而付出的所有时间和努力。总之，尽管直接收购看起来很有吸引力且通常容易实现，但如果管理不善，国际并购可能对两家公司都造成可怕的后果。

在本章中，我们将以挪威电信公司（挪威电信）对规模小得多的印度公司尤尼泰科（Unitech）的并购为例，说明在向外国扩张时应避免的一些关键错误。我们详细分析了几年前在挪威电信合并尤尼泰科的事前、事中和事后所发生的事，原因有二。首先，向管理团队展示，在试图建立海外影响力的过程中，有时是平凡的事，有时是极为重要的事，管理层为此操劳。跨境投资不一定是坏事。事实上，存在很多成功并购的案例。但是管理团队常常低估了扩张性战略对其核心业务可能带来的混乱和风险。

其次，是要说明一个事实，即2015年前跨境交易面临的许多问题（如果不是全部的话），与如今企业在国际扩张中面临的问题相同。令人惊讶的是，管理团队未能从过去的案例中吸取教训。人们总是倾向于认为：我的这次交易"与其他交易不同"，过去的经验没用！缺乏经验的买家往往会过于自信，结果却一次次落入其他团队在数十年前并购活动中所遭遇的陷阱——这次是近20年前！！我们将利用挪威电信联营企业（Telenor JV）来说明一些常识性问题，如果这些问题能够避免，将极大地提高跨境并购交易成功的概率。最后，我们总结挪威电信案例的经验教训，并讨论跨国并购的未来趋势。

挪威电信的印度合资公司

挪威电信公司与印度房地产集团尤尼泰科的合资企业是一个很好的例子,说明了在一家企业试图过快扩张到新地区时可能遇到的困难。

以下是一个详细的合资企业起源和发展过程的概述。其中的细节是为了展示这些交易有多复杂,以及如果管理不当,它们可能会分散双方对核心市场的注意力。在任何复杂的跨境交易中,管理层都必须持续关注国内市场,这一点至关重要。过于关注扩张到新的、陌生的领域,冒着丧失公司现有优势的风险,最终可能会破坏公司的基本价值。

在合资企业成立时,挪威电信是全球的第七大电信运营商,公司拥有超过1.9亿用户。该公司于1855年在挪威以国家垄断企业的身份成立,并于1994年发展成为一家上市跨国公司。其主要业务集中在以下三个地区:

(1)北欧国家。挪威电信是挪威现有的最大移动通信提供商,拥有150多年的历史。它在丹麦也是最大的移动运营商,在瑞典是第三大移动运营商。2010年上述三个国家的营收和营运现金流分别占到全公司的53%和64%,这清楚地表明北欧业务是挪威电信最重要也是最成熟的业务部门。尽管公司管理层认为保护其核心的北欧市场至关重要,但他们的首要目标却是成为一家真正的全球性公司。

(2)中欧和东欧。挪威电信在匈牙利的三大移动运营商中排第二,在塞尔维亚排名第二,在黑山共和国的三大移动运营商中是最大的。挪威电信还持有维派康(VimpelCom)的少数股权,维派康是俄罗斯客户量第二大的移动运营商。

(3)亚洲。在亚洲,挪威电信是泰国和巴基斯坦的第二大电信运营商,也是马来西亚和孟加拉国的主要移动运营商。挪威电信在亚洲区域业务的覆盖范围上,明显的一个问题就是没有能够覆盖印度的十亿多人口。

要想成为真正的全球化企业,管理层认为他们必须填补这一空白。但该公司现在必须做出一个决定:如何以最有效的方式进入印度市场,同时又不分散管理层对其成功业务的关注。

挪威电信拥有通过合作和并购进行地理扩张的悠久历史。管理层决定:与其自己进军印度市场,还不如与印度现有的国内移动供应商建立合资企业。这样速度会更快,有助于公司在这一至关重要的市场上迅速开疆拓土。一家名为尤尼泰科的印度本土公司进入了视野,似乎是移动无线电信领域的完美合作伙伴。尤尼泰科以前在印度大部分地区都获得过移动电话执照,对这个行业和这个国家都非常了解。对于挪威电信来说,与尤尼泰科的合作为他们多年来一直想进入的印度市场提供了一个全国性的移动网络。

尤尼泰科全称尤尼泰科无线,是一家比挪威电信小得多的公司。该公司成立于 2007 年,是由印度第二大房地产集团尤尼泰科集团创立的一家移动运营商。2008 年早些时候,它是少数几家在印度 13 个地区获得运营牌照和持有频谱牌照的本地公司之一。在 2008 年的年报中,公司管理层表示:"虽然与房地产行业存在一些协同效应,但对尤尼泰科来说,电信业务是一个新业务。因此,我公司打算找一个能带来尖端技术和行业专业知识的合作伙伴,共同开发项目。"[①]虽然尤尼泰科比挪威电信年轻得多,但它已经在印度建立了重要的业务,拥有宝贵的资产、资源。与挪威电信这样有全球广泛网络的公司合作,成立一家能提供资金、行业专业知识的合资企业,对尤尼泰科这样规模较小且不太成熟的管理团队来说,非常具有吸引力。

挪威电信的全球战略

20 世纪 90 年代,挪威电信在拓展其国际通信服务方面处于强势地位,扩张已成为公司的核心战略。该公司声称在技术上有实质性的领先优势,感到有责任将技术知识转移到海外的新合作伙伴和市场。他们提供的许多电信解决方案都足够灵活,可以跨国界和在不同的国家实施。管理层认为这是一种独特的竞争优势。

挪威电信的收入来源在地理分布上集中在欧洲和亚洲的许多国家,正变得越来越多样化,特别是在希腊、爱尔兰、德国、奥地利(1997 年)、乌克兰(1998 年)、丹麦(2000 年)和匈牙利(2002 年)。因此,挪威电信业务的收入和用户增长主要来自客户增长和新兴市场移动服务使用量的增加。2005 年,挪威电信已经成为世界第十二大移动公司,短短三年之后,它就攀升至第七大移动公司。

挪威电信过去一直专注于绿色移动运营的初创业务,20 世纪 90 年代,该公司有着以长期投资方式建立新业务的优良历史记录。挪威电信还会考虑在并购过程中一开始持有少数股权,只要他们看到了建立控制权的明确途径,换句话说,随着时间的推

---

① 挪威电信 2008 年报。

移,再逐渐持有公司多数股权。挪威电信在其大多数市场上都表现出稳定而谨慎的并购策略,只有东欧例外,在那里他们遇到了严重的问题。

挪威电信扩张到东欧

1993年,挪威电信进军中欧和东欧,首先收购了匈牙利的Pannon公司,通过该公司进而在中欧和东欧采取了进一步扩张步伐,并与捷克共和国签署了开发卫星网络的合同。在接下来的几年里,挪威电信在立陶宛、黑山和奥地利等国投资了合资企业。

1993年初,挪威电信通过获得俄罗斯圣彼得堡市的无线移动电话许可证进入俄罗斯市场。这是一个具有巨大潜力市场的切入点。但直到1998年,挪威电信才敲定了两笔收购交易,这两笔交易成为它在俄罗斯和乌克兰市场发展的基础。一笔是挪威电信签署了一份4000万美元收购乌克兰基辅之星(Kyivstar)无线公司35%股权的合同。另一笔是同年12月,签署收购维派康(VimpelCom)25%股份的协议,当时维派康几乎破产,只有13万名客户。

2004年10月,俄罗斯与乌克兰爆发了严重冲突。维派康的管理层提议收购URS WellCom公司,后者是一家亏损的乌克兰移动运营商。在对该公司进行分析后,挪威电信得出结论,该公司要求支付2.31亿美元的价格太高了,尤其是考虑到该公司需要大量后续投资。挪威电信要求提供卖家的身份,但被拒绝了。这是一个危险信号,因为维派康不愿透露卖家的身份。尽管占股东人数90%以上的股东投票赞成该项决议,但挪威电信投了反对票,阻止了对URS WellCom公司的收购。

挪威电信拒绝后续推进交易,尽管董事会通过的决议是允许的,维派康对此并不买账。据信只有两股维派康股票的股东——维克多·马卡仁科(Victor Makarenko)向法院提请针对挪威电信的三起诉讼,旨在撤销维派康的股东决议,并恳求维派康收购URS WellCom。在乌克兰,挪威电信投资的另一家基辅之星无线公司,大股东阿尔法集团发起了为期四年的董事会抵制行动,拒绝出席股东大会。这意味着基辅之星无线公司将不能举行股东大会,因为乌克兰法律要求出席股东大会的人数至少达到股权总数的60%,才算达到法定人数。

2006年,挪威电信在莫斯科提起了三起不同的诉讼,试图推翻对URS收购决议。在挪威电信与基辅之星(2006)诉讼的判决中,乌克兰法院判决"股东协议在乌克兰法律下完全无效"①。"关于挪威电信的两起乌克兰诉讼仍在继续,进一步的裁决阻止了安永会计师事务所进行审计,最终迫使挪威电信将基辅之星从其财务账户中抹掉(即确认为完全的投资损失)。2007年8月,挪威电信最终在纽约针对阿尔法集团公司的仲裁程序中取得了完全的胜利,该公司因违反基辅之星公司的股东协议,法院命令阿尔法重新回到所有的股东大会和董事会中。

虽然挪威电信最终打赢了官司,但这场收购本身是失败的。追求一家"亏损的小型乌克兰移动运营商",对该公司的整体业绩几乎没有实质性影响,即便该公司已经关闭,这场并购却让董事会分心了四年。当时,像 URS WellCom 这样的公司进一步扩张进入乌克兰市场的前景可能是非常诱人的。但事后看来,追求这笔规模相对较小的收购所带来的潜在回报,显然与其相关的风险和管理层的注意力分散成本,完全不相匹配。

与这种分散注意力的小型收购相关的冲突还没有完全结束。2008年春天,挪威电信得知了另一起由位于英属维尔京群岛的维派康小股东凡瑞麦思提起的诉讼,以同样的理由索赔28亿美元,该索赔后来被提高到57亿美元。俄罗斯的西伯利亚法庭站在凡瑞麦思一边,裁定挪威电信必须支付28亿美元的赔偿!挪威电信对这一决定提出上诉,但上诉法院的回应只是将挪威电信必须支付的赔偿额降至17亿美元。

此外,一名代表凡瑞麦思行事的俄罗斯法警查封了挪威电信在维派康的所有股份,并冻结了其资产,尽管挪威电信没付出任何正式形式的索赔。直到2009年年底,挪威电信和 Altimo 才宣布将他们在基辅之星和维派康的资产合并为一家在百慕大注册的新公司——维派康有限公司,总部设在荷兰,最终结束了围绕这家公司的持续冲突。

尽管在东欧出现了前所未有的不幸并购活动和业务上的挫折,挪威电信管理层继续强调,其全球企业战略将通过有利可图的收购实现更大的增长。他们表示,寻求更多并购活动的理由是:优越的治理结构和经验丰富的管理团队将通过全球收购带来期望的协同效应,实现对公司综合价值的贡献,以及不同地区对于公司业务的重要性在提高。② 对于任何一家公司来说,在东欧收购公司的复杂曲折历史说明,这都是一种冒险之举,尤其是一家已经拥有成功建厂记录的公司。

---

① Storm Mem. in Opposition to the Telenor Mot. for Prelim. Injunc. Relief at 27.
② 挪威电信2008年报。

挪威电信进入亚洲

挪威电信决心继续推进其国际化战略,下一个目标是亚洲。该公司辩称,它已经从之前的错误中吸取了教训,在未来他们将更有效地收购或与另一方合资运营公司。这引发了一些有趣的问题。在东欧出现问题后,挪威电信是否应该继续其全球化的雄心壮志?他们真的吸取了教训吗?他们能把在东欧学到的东西应用到亚洲一个截然不同的并购环境中吗?

尽管印度近年来有所改善,但在当时对于一家外国公司来说,印度是一个出了名的难做生意的国家。印度政府有时不愿让外国公司进入媒体和电信等关键基础设施领域,曾有对外国投资者实施新的惩罚性法律制裁和税收的例子。这些法律和税收在外国投资者进入该国时被追溯适用,几乎或根本没有解释理由的空间。为什么挪威电信在俄罗斯遇到类似问题后,这么急于进入印度?

挪威电信对亚洲充满信心,并已成为该地区领先的移动运营商。事实上,挪威电信集团 2010 年在亚洲增加了 2300 万用户,使亚洲成为整个集团增长最快的地区。2010 年年底,挪威电信集团在亚洲的五家公司业务占集团总收入的 39%。就其所在的市场份额而言,亚洲处于有利地位,这符合挪威电信一贯要求在其选择经营的国家成为市场领导者的既定目标。

挪威电信还看到了巴基斯坦经济增长的巨大潜力。巴基斯坦是世界第六大人口国。挪威电信公司于 2004 年以 18 亿挪威克朗(2.1 亿美元)的价格获得了牌照,并在 11 个月内推出服务。尽管挪威电信进入巴基斯坦市场时整体营收下滑,但全球策略的整体结果让其在 2007 年第一次获得正现金流,而在 2008 年则获得 20% 的市场份额。

挪威电信认为,一个举步维艰的监管环境,实际上可以提供竞争的机会。相对于巴基斯坦规模较小的本地竞争对手,挪威电信的业务规模和服务范围都在不断扩大。在 2005 年向分析师发表的报告中,管理层概述了监管环境和高度竞争的格局,这将带来中期挑战,但也为在巴基斯坦发展有利可图的业务提供了机会。在过去 7 年里,电信业务每分钟平均收入下降了 200% 以上,虽然这种下降速度在发展中国家市场中并非闻所未闻,但价格稳定下降的趋势下,扩展客户以抵消收入的减少至关重要。随后,挪威电信实现了用户数量的显著增长,在 2006 年和 2007 年分别翻了一番,并在 2008

年实现了33%的增长,这给了公司管理层很多安慰,他们认为可以在印度取得同样的巨大成功。

挪威电信将与尤尼泰科在印度创立的合资企业视为进入全球最大、增长最快的移动市场的一个独特机会。印度拥有世界第二大人口(12亿),同时也是当时世界上最大的蓝海市场(未开发市场),其手机普及率远低于中国。在印度,只有30%的人口实现了城镇化,近8亿人没有使用互联网。挪威电信认为,他们的投资将得到印度市场增长的支持,无论他们能够获得多少市场份额,在印度创办新企业、不断增长的需求将抵消集团成熟业务周期性放缓的影响。

挪威电信计划采用低成本、轻资产的运营模式,将IT等关键服务进行外包。其总体目标是迅速推广移动网络,该公司最初的商业计划包括在2009年年中推出移动服务,即通过发射塔共享协议①即时访问50 000个现有站点。塔式共享协议的签署将同时降低挪威电信的准入门槛,并通过使用现有的、完善的基础设施减少资本支出。通过这些协议,挪威电信估计,在印度完成网络扩张所需时间将是它在巴基斯坦的一半。管理层认为,这种方法对成本的任何负面影响,都将被长期收益所抵消。

印度的人口红利与该国积极的宏观经济特征相辅相成。印度是一个快速发展的经济体,人均国内生产总值(GDP)预计将在未来10年翻一番,从而促进了购买手机消费的绝对增长,以及手机移动端用户和订阅人数的增长。挪威电信表示,在截至2008年12月31日的12个月里,每月新增用户超过1 000万。

管理层认为可以利用、放大他们丰富的新建项目上的经验和在世界其他地方重要合资企业或联盟中控制地位的优势,有效地推广他们的亚洲商业模式,集中精力在印度开发一个有吸引力的品牌、一种高质量的产品和强大的区域存在感。印度市场的移动网络渗透力不够,而且还在不断增长。鉴于印度市场的高度不确定性,印度政府对寻求市场份额增长的新进入者持开放态度。挪威电信在2009年2月向投资者展示的意图是使用"来自其他亚洲市场的经过验证的概念,包括卓越的分销、面向100多万泛印度客户的目标产品、用户生命周期管理以及建立强大的组织和品牌"。②

这是许多寻求国际扩张的公司所犯的一个典型错误。预想在一个亚洲国家取得成功的管理方法和营销技巧,可以天衣无缝地转移到另一个亚洲国家,这往往会导致灾难性结果。由于当地许可要求、用户行为和国内定价异常等方面的差异,在印度进

---

① 一般通信行业的成本主要是建设发射塔。这里的发射塔共享协议(tower sharing agreements),作者表达的意思是一个塔上可以建设多个不同通信公司的发射源。——译者注
② 挪威电信投资者报告,2009年2月。

行直接投资才是挪威电信试图渗透到印度的唯一方式。由于假设整个亚洲国家都是一样的，管理层低估了他们在组建合资企业时所会面临的整合问题。在印度做生意，显然给公司带来了在巴基斯坦从未遇到过的新挑战。

正如我们现在所知，亚洲地区的文化、市场和行为准则大相径庭。挪威电信错误地认为，在中国做生意和在印度做生意或在泰国做生意没有什么不同。在俄罗斯或巴基斯坦推广的无线商业模式，将完全适合印度独特的文化和商业环境。这是许多全球并购策略的一个常见陷阱。虽然这听起来像是常识，但许多人未能充分认识到同一地区国家之间的细微差别。当试图在两家从未相识的公司之间执行一项复杂的跨境合作协议时，这种情况可能变得更为糟糕。

挪威电信－尤尼泰科合资企业

该交易于 2008 年 10 月 28 日宣布，预计当年年底前完成。交易的前提是双方签署了手机信号塔共享协议，并获得了当地监管部门的批准。挪威电信将以 11 亿美元的股权出资，持有合资企业 60% 的股份。拟议的经营协议是，挪威电信将拥有公司的财务和经营控制权。挪威电信计划在 2009 年第一季度发行 120 亿挪威克朗（合 11 亿美元）的新股，并维持股息政策不变。两家公司都认为，塔式共享协议通过降低进入壁垒和帮助营运并降低资本支出，提供了重要的战略和运营优势。然而，与其他三家获得牌照的运营商，以及大量更成熟的地区和全国运营商的竞争将会十分激烈。

然而资本市场对这笔交易并不买账。这一消息导致挪威电信股价一天内下跌 26%，股票价值损失约 27 亿美元。股票经纪商将挪威电信的目标股价下调了 30% 以上，标准普尔和穆迪都发布了对挪威电信的信用评级负面观察的报告。几家证券经纪研究机构发表评论说，印度市场不仅对挪威电信没有帮助，而且在印度的扩张实际上会毁掉挪威电信的价值。摩根士丹利在 2009 年 1 月发表的一份报告中表示，对此次收购的预测持谨慎态度。[①]

很明显，尽管挪威电信在亚洲其他地区取得了成功，但市场整体上并不认同管理层对印度业务的看法。媒体和分析师是否比挪威电信管理层更了解国际扩张的危险？尽管面临来自股东的巨大压力和股价的下跌，挪威电信相信它应该继续推进交易并进

---

① 摩根士丹利公司的分析师报告，2009。

入印度市场。在2008年的年度报告中,挪威电信的首席执行官再次承认了股东对该笔交易的担忧,但是重申了如下计划:

> 挪威电信进入印度的决定得到了其股东的响应。鉴于当前的全球金融危机,在围绕这一问题有着不同理解观点的同时,我想强调挪威电信的长期行业历史和发展重点。进入印度移动市场代表着一个独特的机会,可以参与世界上增长最快的电信市场,并利用挪威电信在绿色领域的专业知识和经验。进入印度市场非常符合我们的产业战略,我坚信这将创造长期的股东价值。①

尽管利益相关者和分析师的负面反应仍在继续,但管理层的信心是坚定的。在挪威政府的支持下,该笔交易最终修订了融资结构,得以完成。挪威政府当时持有挪威电信公司54%的股份。2009年3月,挪威电信和尤尼泰科正式同意继续合资。同年9月,合资公司更名为尤尼科尔(Unicor)。尤尼科尔于2009年12月在印度8个地区启动了初期服务。2010年6月又进入五个地区,将覆盖范围扩大到印度40%的人口。然而,挪威电信从创业之初就在印度面临两大挑战:竞争极其激烈的市场环境、影响运营能力的监管不确定性。

在它们进入印度国内市场的时候,已经有四家公司拥有全国性的网络,还有几家地区性的公司正在积极扩张。尤尼科尔公司的印度董事总经理表示:"印度的移动通信行业竞争程度非常高,我们希望证明有能力在这个市场生存下去。所以这或多或少是挪威电信的骄傲。尽管许多人持怀疑态度,但我们决心让一切兑现。"这是这家新成立的合资企业第一个前景黯淡的迹象,这种宣称表明所做的一切都是为了生存,这永远都不是一个好的迹象,尤其是当它们是在收购协议达成后立即做出的声明。

在监管方面,挪威电信对获取无线频谱变得如此困难,感到十分惊讶。到2010年,挪威电信仍未从重点城市的政府机构手中获得新的频谱,这导致公司推迟了在这些领域的投资,转而将精力集中在可用频谱的领域。再一次重申,跨国交易的一个常见问题是:鉴于全球民族主义情绪日益高涨,获得无线频谱、港口、房地产、核心技术等重要资产的途径,正日益受到所在国的抵制。各国政府越来越不愿意让本国的所谓"皇冠上的明珠"②落入到外国企业手中。

---

① 挪威电信2008年报。
② "皇冠上的明珠"(crown jewel)意指公司具有重要价值的资产。在反收购策略中,出售皇冠上的明珠是指出售目标公司中能够吸引收购方的资产或者公司最重要的资产,使得收购方失去对目标公司的兴趣,也被称为自残策略。——译者注

更糟糕的是,挪威电信卷入了一场政府高级官员滥用无线频谱的丑闻。虽然这些指控是针对合资企业之前发生的事,但挪威电信也被卷入诉讼之中。2010年4月,印度中央调查局以腐败罪名起诉了当地的一些机构,其中包括尤尼科尔。挪威电信成为仅有的两家卷入这场诉讼的外国公司之一,最终可能导致在整个印度做生意的执照被吊销。

挪威电信的印度业务负责人找借口辩称:"当挪威电信集团进入印度时,该国对印度电信业的发展有一个明确的管理和政治框架。我们预测印度将是一个竞争非常激烈的市场,但我们无法预见电信业今天面临的监管和政治动荡。"然而,这种解释无助于减轻挪威电信恶化的财务状况,以及股东因成立这家不明智的合资企业而遭受的损失。

对挪威电信－尤尼泰科合资企业的事后分析

从一开始就对成功有如此强烈的预期,但是挪威电信在印度到底发生了什么?挪威电信的亚洲业务主管西格夫·贝瑞克(Sigve Brekke)曾预测,到2010年年底,尤尼泰科无线公司将覆盖印度一半的地区。这笔交易被认为是挪威电信打入印度庞大市场所必需的突破。但在试图与印度老牌移动运营商艾特(Airtel)、沃达丰(Vodafone)和依迪(Idea)等竞争的同时,在尤尼泰科和挪威电信融合方面,管理层最终面临严峻挑战。

到了2016年,挪威电信宣布,其将停止参与印度新地区的频谱拍卖,甚至可能会完全退出印度,因为在可承受的价格内无法获得更多的移动网络容量。[①] 竞争继续加剧,推高了频谱拍卖的价格,压缩了利润率。截至本书撰写时,主要竞争对手艾特一直在与挪威电信－尤尼泰科谈判,希望以3.5亿美元的低价收购挪威电信在印度的合资企业中一半的股份。管理层的声明以及围绕这笔交易的情绪变化,从一开始非常乐观,到目前围绕压价出售股份退出的讨论,都是引人注目的。显然,技术、商业运作和文化融通等问题,对于挪威电信来说都无法解决。

这个案例很好地说明了进入新市场所带来的风险,即便是有当地的合作伙伴来帮助转型。把并购战略说成是"复杂的"是一回事,而把整合、监管和许可审批等"详细工

---

① "Telenor不参加即将到来的频谱拍卖",《印度时报》2016年7月20日。

作都详细研究一遍"是另外一回事,同时还要应对市场动态的持续重大变化。例如,就像我们在本案例中看到的那样,简单的事情比如纽约法院的有利判决,并不一定意味着西伯利亚法院对完全相同事实的有利判决。当地的规则和习俗,有时会极大地影响违反常识的结果。

尽管全球化带来的回报是丰厚的,许多公司都成功了,但其负面影响却也是巨大的。成为一家全球性公司听起来很有吸引力,而且往往看起来是正确的行动方向,因为"每个公司"都在这么做,但是如果一笔交易出现问题,就会极大地弱化一家公司的核心业务,并导致未来几年公司注意力的耗散。

吸取的经验教训

尽管有着通过并购进行国际扩张的不佳记录,挪威电信仍坚持进入印度市场。似乎管理层失去了远见,过于"迷恋"成为一家全球性的公司,而没有充分考虑可能对其核心业务产生的不利影响。这个案例说明了在试图跨国扩张时,要牢记的几个经验教训:

- **不要低估了风险**。外资收购和合资企业的风险可能极高。当你进入一个有着不同商业文化和行为准则的新地区(即使有一个好的合作伙伴)时,执行你的既定计划是非常困难的。

- **提防监管环境改变**。就像我们在挪威电信案例上看到的那样,在你做生意的所有地区,都很难预料到规章制度的变化。法规可以在没有任何理由的情况下迅速改变,并对东道国国内业务产生立竿见影的重大影响。

- **新的商业冒险会困难重重**。在第2章中,我们研究了自下而上地构建企业与购买成熟资产的若干好处。但是你不应该低估在国外市场建立战略的挑战。创业初期的现金流通常为负,直到你能够扩大规模。耐心和致力于长期的生存能力,对企业的成功至关重要。

- **注意股东和分析师**。当这家印度合资企业宣布成立时,挪威电信顶住了股东和分析人士的强烈批评。任何首席执行官都应该关注各种各样的利益相关者,股东和分析师的这些观点应该被考虑进去,因为这些利益相关者对任何商业并购的积极结果都有既得利益。

- **从错误中吸取教训**。挪威电信显然在东欧并购扩张的处境非常艰难。该公司对自己有能力将基本相同的商业计划,扩展到竞争激烈的印度市场有点过于自信。但是,在一个国家并购中曾经发生的问题同样很容易在其他国家也发生,这点需要慎重考虑。

● **不要低估你的竞争对手**。作为一个着眼于新市场的局外人,竞争似乎很容易应对。然而,你必须考虑到,许多现有的参与者在这些市场里都有几十年的经验。随着时间的推移,新进入者可以创造竞争优势,但简单地假设所有当前的市场参与者都是无效的、可以被击败的,确实是一种非常危险的策略。管理层必须仔细评估他们能为市场带来什么,以及有别于长期存在的本地竞争对手的竞争优势。

● **声誉风险**。真正的跨国公司将不仅取决于其在本国的表现,还取决于其在运营的每个跨国地区的表现。任何子公司的行为都会对母公司产生影响,无论子公司的管辖范围有多远或管辖范围有多广。例如,作为仅有的两家卷入印度无线频谱腐败指控的外国公司之一,挪威电信的处境非常艰难。在这些情况下,重要的并不是业务规模或问题的规模,而是此类事件对公司全球特许经营权潜在的声誉风险。对腐败的正式指控,不管程度大小,都可能对公司的声誉和业务发展能力产生实质性的负面影响。

● **不同的行为标准**。假设你的公司总部在美国,准备到越南做生意。你应该受到母公司或越南当地海关的严格监管吗?越南海关可能与母公司总部的海关有很大不同。例如在一些国家,地方官员或商业伙伴为了加速获得许可证或完成贸易,通常会支付"便利费"(一种变相的贿赂或商业腐败)。但是根据美国法律,公司必须遵守《反海外腐败法》等法规,其中明确禁止此类支付。如果管理层违反了这些规定,就会受到刑事处罚。因此,你需要确保你的合作伙伴也会坚持此类更严格的标准,即使你的竞争对手不会。这样会使你的子公司很难保持竞争力,因为公司被迫遵守行业内其他本地公司没有被制约的标准。

● **花足够的时间对合作伙伴做尽职调查**。决定在国外与谁合作时,你可能永远不会做足够的尽职调查。你需要花时间和交易对手在一起,做充分的评估,让你的合作伙伴能够按照你的要求、承担同样的企业社会责任。当你决定在全球扩张时,合作伙伴的文化、诚信和做生意的方式会让你处于众目睽睽之下。

● **不要让海外的活动分散对核心业务的注意力**。正如我们在挪威电信案例中看到的那样,海外收购可能既复杂又耗时。人们倾向于转向令人兴奋的新交易,但往往是以牺牲日常工作为代价的。一些公司将组建临时交易团队,专注于收购;而公司内部的另一些团队则专注于维持和发展核心业务。在稳定的核心业务和承担经过计算的风险进行全球扩张之间取得平衡,对任何投资的成功都至关重要。

挪威电信向印度扩张的最终结果尚未确定。然而,迄今为止的重大问题凸显了国际扩张的风险,高管们必须权衡全球扩张的回报与风险。但是不管处于哪个行业或在哪个国家,牢记一些基本原则,可以大大提高公司的成功机会。

未来的发展趋势

总部位于亚洲的大公司特别是中国和印度的公司,继续通过收购积极进入欧洲和美国市场。这些公司正在寻找机会进入新的市场,以及多样化经营和收购可供在母国国内销售的品牌。此外,他们希望获得满足国内需求所需的自然资源,以及积累知识、技术和营销经验。预计到2020年,中国的全球海外资产将从目前的6.4万亿美元增至20万亿美元以上。随着中国本土市场增长率的持续放缓,许多中国企业在考虑并购时,都将目光投向北美和欧洲。

中国公司吉利(Geely)以18亿美元收购福特旗下的沃尔沃汽车制造商就是这种趋势的一个很好例子。通过这次收购,吉利获得了新技术,进入了美国汽车市场,以及获得了沃尔沃品牌并在全球销售。像这样的全球收购并不是简单地在考虑项目预期回报的基础上进行的,相反,它包含了超越纯经济学利益的战略考虑,为吉利和中国经济提供了长期价值。

中国企业也开始将注意力从原材料和重工业领域转移到其他领域。食品是中国企业越来越感兴趣的一个关键行业,尤其是糖、蛋白质和乳制品。例如上海的光明食品公司收购了澳大利亚乳业企业玛纳森(Manassen),并预计将使用玛纳森的一些品牌,作为一个高端品牌在中国推出产品。高端品牌在中国城市日益富裕的中产阶层中越来越受欢迎,从其他国家购买知名品牌,可以立即提供一个高端品牌、产生溢价,为公司节省创立高端品牌的时间和成本。

虽然如今跨境交易的增长主要是由中国推动的,不过其他东方国家企业很早以前就已经与西方建立起全球联系。例如,印度大型企业集团塔塔(Tata)早在1907年就在伦敦设立了分支机构,为其印度业务购买原材料。1975年,塔塔成立了一家外包公司——塔塔咨询服务公司,开创了将计算机处理业务外包给印度企业的先河。

但是塔塔从印度到美国的巨大飞跃是在2000年通过购买泰特利茶(Tetley Tea)而实现的。全球扩张只是泰特利茶这笔交易的部分原因,塔塔还想了解品牌管理以及如何发展。泰特利茶最初是一种红茶,后来转向更多高档绿茶,最后转向高档奢侈品牌茶。对于塔塔来说，这是一个完美的平台，不仅可以迅速扩大公司在海外的知名度，还可以学习品牌管理。

后来，该公司收购了哥鲁氏钢铁公司(Corus Steel)和捷豹路虎(Jaguar Land Rover)公司。每一次塔塔都在收购一家更大、更成熟的公司。这些收购为塔塔提供了一种手段，使其能够持续在国际上实现大规模的增长。这些收购还为塔塔在西方世界提供了迅速增长的品牌认知度，以配合其在印度的知名度。如果没有收购已经成型的公司，在印度以外发展塔塔的品牌，将需要数年的时间。塔塔对路虎的收购为其提供了一个现成的品牌名称和获得路虎价值不菲的越野车技术的直接渠道，塔塔可以利用这些技术在本土市场上大展拳脚。通过收购哥鲁氏后，跟上了别的大公司走向全球化的步伐，塔塔后来收购了米塔尔钢铁(Mittal Steel)等其他大型企业，进一步获得了一家国际知名的钢铁企业。

过去几年有迹象表明，东方企业在全球并购市场的影响力越来越大。仅在2016年，印度的跨境交易就达到了562亿美元，创6年来新高，比2015年增长了87%。我们将继续看到跨境交易不断流入和流出亚洲。西方公司希望接触到东方国家不断增长的中产阶级，东方国家的企业则将继续向西方扩张，以获取品牌、原材料和可以带回母国市场的技术。合并、收购和合资都是非常有效的扩张手段，但前提是交易得当。

第 5 章　文化是关键

银行家们不能只关心项目的经济利益方面。项目可能会对自然环境、城市环境、人类文化造成严重影响。

——加拿大建筑师阿瑟·埃里克森（Arthur Erickson）

中国案例研究

这件事我记得很清楚，仿佛就是发生在昨天。为了与中国的一个主要省政府建立一个以人民币计价的私募股权基金，我们已经工作了好几个月。作为一名欧洲投资者，如果没有当地的基金，在中国购买公司会十分困难。大多数中国企业家都希望用他们自己的公司股权换取人民币投资。由于当地的限制，如果不能将美元、英镑或欧元兑换成人民币，购买企业就很难做到。虽然我们在历史上曾经取得了相当大的成功，但货币兑换的制度开始阻碍我们在中国进行高质量的投资。

中国的许多二线城市都试图吸引外资，以帮助发展基础设施和经济。从我们的角度来看，即使是那些按中国标准被视为第二档的省份，也有庞大的人口规模和爆炸性的经济增长，使得它们成为世界上最有吸引力的投资场所。从中国方面来看，获得来自西方的大型、老练的国际投资者被认为是帮助实现经济增长的一个好办法。通过组建当地的基金将资本与实际需求结合，似乎是非常自然的一步。

我们驻扎在北京的当地团队已经就整体概念、具体条款和条件等方面彼此合作了数月。这家合资企业对我们来说是至关重要的，不仅是因为货币的原因，还在于它所创造的机会。它立即给我们在中国国内带来了信誉，通过当地政府可以方便地接触数以百计的需要资金的中小型企业。通过共同品牌化，我们将不会被认为是一个外国投资者，而是被视为是一家与当地政府达成合作协议的企业。

到目前为止，我们在这笔交易方面取得的进展，直接归功于能够讲当地语言并了解当地法律和习俗的团队。仅仅靠我们在欧洲的团队并不可能使交易达到这种程度，我们已经花了足够的时间（比我设想的要长）来建立起在中国的关系，这使交易接近于完成。

省内的最后一次会议定于九月的一个周四举行，我安排了我们当地的小组参加。在星期二，我在伦敦总部接到来自项目总经理从北京现场打来的电话，说我必须出席这次会议。我当时的反应是应竭尽所能地提供帮助，但我女儿瑞秋的生日就是那个星期四。我确实没有看到亲自参加的重要性。我讨厌错过女儿的生日，尤其是在中国已经有一支非常完美团队的情况下。但是项目总经理坚持要我亲自参加，这对我们来说是一项关键性的交易，所以我同意去了。

在打电话给妻子和女儿进行真诚地道歉后，我登上了从希思罗机场飞往北京的飞机，再从北京到我们合作伙伴的省份。经过十小时飞往北京的航班和另外三小时去地方省份的时间，我及时赶到了会场。我被介绍给不会说英语的省长，而我也不会说普通话。我们通过翻译打招呼，并参加了会议。

PPT 的演示和整个会议都是用普通话进行的。我坐在那里一个小时，并试图看起来是专心的，而不是在长途飞行和时差的影响下昏昏欲睡。一小时的会议结束后，我收拾好公文包，向领导们问好，交换名片，登上一架飞机回家，并等待最后的结果。在星期六上午，我们在中国的总经理打电话来，非常感谢我，并转达了达成协议的好消息。

所以，到底发生了什么？我在两天的时间里飞行了超过 24 个小时，在这次会议上，我显然没有增加任何价值。我白白错过了我女儿的生日吗？真正的答案在于美中文化的差异！作为一个美国人，我没有看到我此行的价值。我认为中国人已经知道我们是严肃认真的，并且这笔交易得到了伦敦执行委员会的支持。我已经与我们的企业投资委员会审查了这笔交易，并获得了进一步的批准。在中国的当地团队显然有权完成这笔交易。但对于我们的中国伙伴来说，我亲自参加这次会议是一个尊重的标志。我有着重要的"董事长"的头衔，并且我是在总部工作的。我传递了以下信息：

- 我的公司和我都关心这笔交易。
- 这是一次重要的会议，在经过几个月的协商后，由"决策者"出席会议并正式完成交易。
- 我足够尊重我的交易对手，这种尊重让我努力去出席这次会议。
- 我们在中国当地的团队看起来得到了总部高层管理人员的支持。

另一种看待这件事的方法是,在不考虑文化内涵的情况下,如果我不费心去参加这次会议,它将给交易对手发送怎样的信息?它可能暗示:

- 我们对这笔交易不太在意。
- 我认为相比于我的交易对手,我自身的重要性使得这次旅程并不值得。
- 我忙于处理其他我认为比组建人民币基金更重要的紧迫事项。

事实上,它会显示出我缺乏尊重,这可能导致为了到达最后这一步之前所投入的几个月时间的工作前功尽弃。

领导者往往必须在职业需求和平衡家庭生活之间做出艰难的抉择。一些决定是容易的,比如参加必须的董事会会议、时间紧迫下的交易、满足监管最后期限等。但有些更依赖于判断问题。在这种情况下,很容易理解为什么有些工作需求不那么紧迫。文化没有如其他责任那样的硬性明文规则。本章的目的是给读者留下这样的印象:尽管它很难定义,但对于文化的关注与成功的并购交易、整合中的任何其他要素一样重要。对我而言,可以自豪地说,这是我的三个女儿中唯一一次错过的生日。不过瑞秋仍然记得,在她的那个特殊的日子,我没有在场。

这只是我可以借鉴的一个例子,以表明在任何交易中了解交易对手的文化的重要性。即使在同一个国家进行的交易,也会有巨大的文化差异,本书第3章讨论的美国在线(AOL)和时代华纳(Time Warner)的合并就是一个例子。

传统的实体企业时代华纳与由年轻创业者创办的、富有互联网文化的美国在线之间的冲突,最终导致了这笔交易的失败。在大多数交易中,买方会聘请许多律师、会计师、财务顾问和投资银行家来评估目标公司。在财务模型上花费的时间可能比交易的任何其他环节都要多。但是,往往文化常识上的差异,会对结果产生最大的影响。

中国的这一案例也凸显了需要在你计划投资的国家当地建立团队的重要性。例如,你能想象我作为一个六英尺四英寸的美国人,在北京下飞机后试图与当地政府建立一个以人民币计价的基金?我不懂当地的语言或文化,以前没有接触过当地政府,也不知道如何构建此种类型的交易。幸运的是,我们聘请了一支有项目经验的坚实团队。通过拥有当地的专家和西方的资本,我们能够建立起一个有效的伙伴关系。

我们在国际上做的许多投资都是与当地合作伙伴进行的少数股权投资,不会接管整个公司。相反,我们将投资于该公司的少数股份以获得现金回报。这为合作方提供了流动性,并获得了我们的财务专长,而他们则为我们提供了东道国内部至关重要的当地内容和联系。我们的利益是一致的:尽一切可能发展大家现在共同拥有的公司,同时利用当地的专家,以确保外方投资者完全遵守当地的法律和法规。

目前，资本跨境流动的趋势越来越大，尤其是从东方国家到西方国家的投资在大量增加。从港口、铁路等关键战略资产，到像纽约市的广场酒店等商业和住宅资产，越来越多的资产被东方投资者收购。虽然最近由于政府对保护本国资产更加敏感而出现对外资收购的强烈抵制，但我不认为这种上升趋势会放慢。跨境并购将提高双方对对方文化的敏感性，以及通过了解文化的重大潜在影响，来促进产生最佳结果。

日本案例研究

文化的影响在交易结束前后一样重要。我的公司最近完成了对一家大型日本金融机构的跨境收购。我们十分关心这笔远离纽约总部的收购，以及将如何影响管理团队，以实现在并购计划中所设想的协同作用和增长。但我们也担心，在东京派驻外籍的美国人担任高级管理职务，会损害收购方理解和利用不同寻常的日本文化的能力，这可能会在关键的时刻阻碍与当地高级管理团队的磨合。

解决方案是在当地的高级领导层中插入一个影子美国管理团队。我们保留现任日本首席执行官，但有一位外籍的美国首席执行官作为他的同行。首席财务官（CFO）、首席信息官（CIO）以及首席法律顾问等也一样处理，我们维持两个角色、两份报告。该理论认为，当地人可以把重点放在文化和处理国内问题上，而美国人可以维持与全球总部有效的连通性。在这样的大型并购中，企业的许多问题必须与总公司协调。无论是获得资本、重大新项目、法律或是合规问题，都需要进行几乎不间断的对话来处理这些日常议题。我们相信，日本的管理团队多年来与公司员工建立了稳固的关系，能最有效地促进这一工作。

正如你所想象的，这个策略在一开始听起来很合乎逻辑，结果却败得很惨。第一，美国首席执行官与日本首席执行官对话时，两人都不说同样的语言。通过翻译建立起信任关系，是非常困难的。第二，美国首席执行官与公司之间的稳固联系，引起了那个甚至从未访问过美国总部的日本首席执行官的怀疑情绪。日本人和美国人都建立了自己的派系并在派系内进行沟通，而不是在整个集团内沟通。这导致相互缺乏信任，最终成为一个失败的企业。

我们最终采取了一个更好的方法是——信任当地管理团队。我们需要给他们提供支持和财务资源以取得成功，并使他们能够尽其所能，积极开展业务。在这种情况下，文化的重要性超过了美国总部管理业务所带来的任何优势。一些当地的管理成员需要随着时间的推移而改变,但每次我们都能找到一个合格的本地候选人来替代。事实上,在母公司的支持下,通过放手给予当地团队更多的权力,我们成了东道国当地最受欢迎的雇主之一,让我们能够吸引到更多、更好的人才。

但在任何跨境交易中仍需要某种程度的监督,包括日本子公司在内的整个公司责任仍在美国首席执行官身上。在签署财务账户之前,首席执行官和首席财务官都有信托义务和个人义务以确保遵守法律法规。这里,文化差异会使这一情况复杂化。通常在这些遥远的国家,围绕健康、安全或环境的规定可能没有美国严格。

因此,这类问题经常出现:我们是否应该将所获得的外国子公司提高到美国所需的标准,抑或仅仅是遵循东道国本地法例和惯例的规定?倘若我们试图强加美国对这些子公司的监管,可能会使它们在当地的竞争力降低。例如在环境、健康和安全方面遵守更高的标准,可能会增加当地公司原本不必承担的成本;或者,我们也许应该将那些环境敏感的业务或项目转让给那些愿意接受的当地竞争者。有些人会争辩说,我们应该让这些子公司按当地国家的规则运行。

然而,在我工作的公司,最终采取了我认为正确的答案。我们总是遵守最严格的标准。如果美国标准更加严格,我们就在东道国当地强制执行。如果当地国家的规章更加严厉,那就是我们需要达到的水平。这是保护公司免受任何司法管辖权起诉的唯一办法。我们一定要考虑到任何跨境交易的财务预测所需的增量成本。在不同的文化中,如果不考虑遵守不同法规的影响和重要性,就会极大地影响并购最终的财务绩效。

其他最佳实践总结

领导力和激励员工是收购后整合的关键要素。在某些文化或年龄的人群中十分重要的事情,例如头衔、地位和薪资水平,对于那些追求灵活的工作时间、有趣的工作内容或者对生活质量更感兴趣的人来说,可能并不那么重要。保持类似观念分歧的充分理解,是培养公司文化的关键。

我坚信,建立一个重视多样性的文化,对于建立一个健全的组织是必不可少的。在没有防备的情况下,人们倾向于与自己相似的人聚在一起,这是人类的天性。你与已经认识了很长一段时间、有相同的价值观和兴趣以及经历的人在一起相处,通常会更舒适。相比与第一次认识的人谈话经常出现的尴尬情况,与熟识的人讨论会更加顺畅。

我有幸在几所国际著名学府包括耶鲁、牛津和剑桥大学等教授并购课程。在一到两年的时间里，MBA学生有一个绝佳的机会可以被来自不同文化的聪明人所包围并向他们学习。每个学期里，我都会分配一个项目让学生自己选择组建小组。虽然总是有例外，但这些团体的组成结构总是让我吃惊。北美集团一般是来自美国和加拿大的学生，亚洲集团经常由中国学生和另一些日本学生组成，东南亚集团则来自印度和周边国家，还有欧洲集团、非洲集团等。

究竟发生了什么事？这是随机的吗？不，这是完全合乎逻辑的。学生与他们最了解的人形成群体，他们具有相似的经历和对未来的展望。为什么要尝试和一个你不认识的、并且也许会使得项目变得困难的人组成一个小组呢？在职业生涯的某个时刻，我们都处在各个小组中，而若小组的某个成员不能完成他或她负责的工作，其他人则不得不去收拾残局。和你认识并且感到舒服的人在一起是更保险的。

尽管我布置的是跨国并购项目，但我的观点是不要过分批评这些学生。事实上，到目前为止我最亲密的朋友是7个来自康涅狄格州诺斯黑文的人，40年前我在那里长大。尽管只是偶尔聚在一起，但是当相聚的时候，我们马上就会因为大家的共同经历而立即重新连接成为一个群体，就像从未离开过一样，我们很快就能适应彼此的存在。所以，我当然不能说教，因为我自己也有朋友在我的"舒适区"。相反，我的观点是，你必须考虑迫使自己走出"舒适区"，以抓住不同的观点所产生的机会。

允许各种观点的存在通常会导致更好的决策。在我担任首席执行官角色的管理团队中，有50%的管理团队成员是女性，30%来自美国以外的国家。在每份工作中，我不能保证雇用了最好的候选人，但幸运的是我找到了一个不同的团队来做这件事。我必须承认，长时间的讨论有时令人沮丧，因为人们并不总是意见一致。事实上，大多数时候他们各抒己见。但是有各种各样的价值观、观点和文化等环绕在桌子周围，确保我们完成了对所有选择项进行更好的评估。不仅仅只有作为首席执行官的我的观点是重要的，我们能够对每个问题的利弊畅所欲言，从而产生更全面的看法。

但是，同样重要的是在会议结束时，作为首席执行官，我在听取了小组的意见后做出了明确的决定。我需要明确的是，讨论已经结束。人们有机会表达自己的观点，但我们现在需要继续推进和实施。多少次即使在领导已经做出决定之后，争论仍在继续？这是非常低效率的，因为这将推迟关键项目的实施。此外，它最终可能允许那些也许不正确但最努力进行游说的人得偿所愿。

这又回到你想要建立的文化。在许多东方文化中，有"保全面子"的概念。参加会议的人非常小心,不愿当众冒犯别人,冒犯他人被视为粗鲁和不合适。表面上至少会出现一致意见,但最终的决定是在房间之外做出的。

当你来到西方时,大多数的西方文化倾向于更直接。作为一个美国人,对我来说,我听到每个人的意见,并且做出每个人都支持的决策是很重要的。对于作为美国读者的你来说,你曾参加了多少次有人不愿提出重要议题的会议?在会议结束时会发生什么?每个人都回到自己的办公室,谈论应该在会议上提出的问题。我的观点是尊重人们的意见,鼓励他们表达,然后做出正式的决定,继续前进。虽然这些年来对我来说,它十分有效,但明显不像在更具共识的西方文化中那么有效。

我仍然记得公司从美国搬到伦敦的第一次会议。这是一个投资审批的展示,我是公司的投资委员会成员之一。在 PPT 展示的第二页上,我打断了演讲者进行提问。整个团队都看着我,就像我疯了一样。我习惯了美国的快速提问方法。当我把交易带到通用电气(General Electric)的董事会时,我很少能展示到第三页,而且从来没有时间展示完每一页。

但是在新环境中,规矩是等待交易小组展示完整个演示文稿,总结你的问题,并在会谈结束时询问他们。这似乎很有礼貌,但我认为最好的办法是两者折中。在任何情况下,这是一个很好的例子,来说明文化差异如何影响处事方法。

在你所购入的公司建立鼓励和尊重多样性文化的能力是十分重要的,实质上就是在新收购的公司创造允许多样性存在的环境。多年来,我曾与多家公司合作,但通用电气显得特立独行,成为最看重工作场所多样性的公司。无论是"妇女论坛""非裔美国人论坛",还是来自 LGBTQ[①] 社区的员工,通用电气都有办法使所有雇员感到有价值和被需要。通用电气建立针对每个小组的各种论坛促进了这一目标的开展。这些论坛有活跃的地区和区域会议,我强调"活跃"是指通用电气高级管理层的积极参与。这是一个伟大的论坛,让员工更多地了解通用电气如何看待多元化,并就如何改善文化提出建议。另外,它给通用电气高级管理人员提供了评估人才的机会,进一步与员工单独会面,并有利于人才的挑选和人才继任计划。

通用电气尝试提供灵活的工作时间、在家远程办公和现场日间护理等。例如,为有工作的母亲提供更多成功的机会,发出了通用电气珍视多样性的信号,并且通用电气正在采取切实步骤帮助推进。由于这些倡议及随时间推移而不断提升的通用电气高级管理团队的多样性,进一步加强了这一过程。

---

① LGBTQ,是指男、女同性恋及跨性别恋者等群体。——译者注

在并购环境中，你为公司收购后选择的报告结构是尝试建立的企业文化第一个有形示例。收购后的第一个一百天是最关键的时间。目标员工关心他们的一切，从工作岗位到工资、福利，以及在新公司中的位置。争取立即宣布某项决定以平息人们的恐惧，与在采取行动之前等待足够长的时间以更好地了解问题，这之间必须形成很好的平衡。快速的决策通常之后需要再修改，这可能会影响目标企业的员工对新公司的信任。

举一个简单的例子，我曾经负责将新收购的金融服务企业纳入母公司。我不得不面对两个迫在眉睫的问题，到今天仍然让我吃惊。第一个问题我有些同情，它涉及了我们新合并的销售队伍的适当职位称呼。在被收购公司，更资深的销售人员有"副总裁"的头衔。而我们公司的所有销售人员都被称为"合伙人"。这就造成了一点问题，即新合并的组织中原本对等的双方，现在却有不同的职位称呼。

在我的职业生涯中，我从来没有过分关注头衔，但是销售人员让我相信在这种情况下头衔很重要。有了"副总裁"头衔，客户会认为他们更有能力兑现承诺。换言之，他们足够资深，可以为公司代言，而不必向更高的级别申请获得批准。拥有"副总裁"头衔帮助他们踏入客户房门进行销售宣传。这一讨论是有意义的，我们最终允许销售人员在他们的名片上印有"副总裁"头衔，只要他们在公司的任期满三年——问题解决了。

第二个问题就不那么合情合理了。在一个星期五的下午，一位来自被收购公司的资深销售人员走进了我的办公室。他不仅是最资深的，而且是目前整个团队里最有生产力的，每年带来超过100万美元的收入。他说，"我有一个问题！"那天下午，他计算了他的办公室天花板上的瓷砖数量，长为五块瓷砖，宽为十块瓷砖。然后，他去了旁边的一个更初级销售员的办公室，长为六块瓷砖，宽为十块瓷砖。令他感到不安的是，他的办公室面积比一个更初级推销员的还小。这位富有成效的资深销售人员，该如何适应我试图建立的平等主义的企业文化呢？

更重要的是，如果我默许并给他一个更大的办公室，这会对公司文化产生什么样的影响？这是一个道德和问责制与文化联系的领域。老实说，要告诉我最有效率的推销员必须待在一个小一点的办公室里，这是比告诉不那么有生产力的推销员同样事情更难的事。我冒着失去一个非常有才华和富有生产力员工的风险，因为他在人才市场上很抢手。但是如果他的办公室规模真的对他很重要的话，我的团队里没有他会更好。在你想要树立的企业文化中摆明典型例子，这对成功是至关重要的。

文化可以由简单的事情所驱动——如办公室的布局。有一次我建议公司执行委员会搬到一个没有办公室的开放式楼层。我觉得这会加强交流，并提供更具生产力的工作环境。大部分领导团队的反应都是负面的：该如何进行保密会议？如果现在必须发送敏感数据到公共打印机上该怎么办？噪音水平如何？我听到很多关于为什么一个开放的楼层计划对许多其他公司都很管用，然而却不适合我们的原因。所以我不得不采取刚才提到的方法——听了一会儿讨论，然后做出了明确的决定！然而，即使有了这个明确的决定，仍然有几个人继续游说我，说他们需要自己的打印机或不得不有一个办公室，因为他们与其他人不同。

经过数周的讨论之后，我们终于制定了办公楼层的平面图，现在是时候选择高管们坐的地方了。又一次，我想营造所有的人都被平等对待的感觉。我要求我的办公区域在一个没有窗户的内部空间。不出意料，在一个星期后当座位计划表排出来时，我的区域在一个有明亮的窗户和一个豪华咖啡机的角落里。我花了好几次努力说服团队，我确实想要一个在卫生间边上的内部区域。为什么我要把所有这些努力都放在一个看似平凡普遍的问题上呢？因为，这将为本公司的文化树立了一个切实且突出的榜样。

组织内正式的结构以及管理流程，也可用于驱动想要树立的文化。两种主要方法是"集中式"和"分散式"法。在分散模型中，目标公司在购买后大部分保持不变。管理层通常具有与独立运行时相同的审批级别和权限，与母公司的部门或其他子公司几乎没有任何交互，至少在开始时。从本质上讲，目标公司被视为一个独立的组织，拥有自己的文化和结构，很大程度上好像没有任何改变。

分散的方法有多种好处。首先，最重要的也许是它可以推动建立一种自治、信任和问责的文化。通过让目标公司基本保持不变，买方表明他们对目标企业管理团队的信心，即相信管理团队能像在收购之前的许多年里一样，继续保持组织的增长。这是一张很重要的信心票！此外，分散式通常可以减少因适应新的所有者、重塑公司目标、采取新的政策和程序、使目标企业继续关注客户和推动其业务所需要的时间。

在集中式的方法中，目标公司立即被合并到买方的运营中。目标公司被认为是更大公司的一个部门，或者甚至不再是独立的报告实体。通常，集中式下的业务批准和自治程度比作为独立公司更受限制。目标公司被重新更名成为母公司的一部分，其公司名称和商标通常被改变。目标公司与公司总部有很多的互动，在大多数情况下，它们都是集团的姊妹部门。换言之，目标企业是从一个独立的公司变成一个更大公司的一部分。

这种方法的优点包括运营管理具有共性，有助于推动协同效应，并且在大多数情况下降低成本。例如,将目标企业合并到母公司,可以在一些情况下撤销首席法律顾问、首席财务官、首席信息官(CIO)或甚至首席执行官等角色。总部职位的控制范围可以扩展到目标公司的运营,而不是在每个子公司都有单独的人员。通过精简运营和简单利用较大母公司的购买优势,可以提供成本节约方面的协同作用。

在收入方面,集中式的方法有助于分享客户名单和交叉销售产品,以改善收益——这可能是并购交易的基础假设。通过与集团的首席执行官和其他部门销售团队的频繁互动,企业之间可以分享最佳方法并帮助彼此在相邻的市场上成长,而不会增加成本。这在分散式中是非常困难的,因为运营单位之间的交流很少,并且每项业务有必须实现的月度业务指标。换句话说,如果我有自己的财务预算,为什么要花很多时间为推动整个组织产生协同效应,让别的部门得到好处?好的首席执行官将会为整个组织的利益推动实现协同效益,但那些为自己业务奋斗的人则可能不会。

但是,如果集中式方法没有适当的管理,将会产生非常不利的影响。买家必须记住:成功的收购是有原因的。无论是进入新的市场、获取新的产品或技术,目标企业总有母公司缺乏的独特东西。我看过太多的案例,过度集中的方法会导致将目标公司变为母公司的克隆体。如果有太多的政策、过程、更名和文化元素被迫灌输进入被收购公司,那么它最终会演变为和母公司一样。我们必须记住,在标准化和提供协同效应之间需要平衡,同时在适当的整合水平上,最大限度地提高目标公司的价值。

集中处理的第二个问题是管理上的潜在影响。将一个完全自治公司以新的政策和批准级别改造成为大公司的一个部门,这对目标企业的管理团队是一个重大的调整。处理得当可以奏效,但新管理层的第一个倾向也许就是抵制高度的监督。他们习惯于经营自己的项目和做决定,而现在必须征求别人的同意。尽管当集中处理时,命令文化会变得更容易,但由于类似的原因,目标公司可能会抵制这种做法。

最后,在目标公司被完全整合进入母公司时,跟踪收购结果,并将其与预测的情况进行对比,可能会变得非常困难。即使保留为单独的分部,财务结果的整合和公司内部交易也会扭曲你实际购买公司的运营表现。这使得我们很难在一年后回到交易中,将其与为使交易得到董事会批准而预测的结果进行比较。

企业的生命周期是另一个可能对文化产生重大影响的领域,并且可能需要随着时间的推移而改变。你可以经常看到私募股权(PE)公司买下一家家族企业,希望把它转变成高速增长的公司,然后再上市。考虑一下,把公司从纸面上的想法发展成一个存续多年的成功企业所需要的特质:你需要有一个具备创新精神和愿意承担风险的首席执行官,还需要一个拥有深厚领域专长和良好客户关系的人。特别是在家族企业中,这个人通常拥有许多值得信赖的长期顾问,如首席财务官、首席法律顾问和其他关键角色等。在许多情况下,一家规模较小的家族企业的首席财务官更像是一个会计,他们保留账簿,准备纳税申报,并做财务规划。

将家族企业的这些特征与运行财富500强企业所需的技能进行比较。考虑到所需要应对的股东的多样性、监管压力、业务复杂性,以及纯粹对时间的强制要求,财富500强企业的首席执行官可能需要变得更风险厌恶一些。他拥有员工协助创新,提供给客户下一个关键产品,而不是花他的时间来自己做。财富500强公司的首席财务官更可能像是一个具有广泛业务视角的战略合作伙伴而非会计师,财务职能将包括一支由税收会计师、金融规划师和注册会计师组成的队伍来发挥。

总而言之,在财富500强公司中,首席执行官、首席财务官和其他高级管理人员的角色,更是在扮演着面对不同利益相关群体的代言人,他们专注于建立最好的团队、管理利益相关者、制定企业战略和进行企业治理。这与一家家族企业的首席执行官所面临的紧张局势并无多大相同。日常管理、资本获取、客户关系、月度预算、人员需求以及产品和服务的交付等等,占据了家族企业首席执行官的大部分时间。

虽然从家族企业首席执行官到财富500强首席执行官的两端都清晰可辨,但两者之间的演变格外困难。在许多情况下,家族企业首席执行官和新的私募股权(PE)持有者之间可能会出现紧张局面。当公司考虑首次公开募股时,将家族企业转变为更大规模企业时所需的管理技能会发生变化,虽然有些人确实两方面的技能都拥有。首次公开募股更多地涉及战略、为成熟投资者提供良好的路演,有时还需要对业务的下一步做出艰难的决定。维持公司所需的文化也变得非常困难,但这些都不能阻止私募股权让一间家族企业转型成为一家上市公司。许多财富500强公司在成为复杂的全球市场竞争参与者时,很难保持创新和简单的方法。最好的公司才能在两者之间寻求到适当的平衡点,但是知道你擅长什么,以及更重要的"你不擅长什么",才是成功的关键因素。

那么,关于文化对兼并和收购的重要性结论是什么呢?

(1)设定正确的文化对任何企业都是至关重要的,特别是在购买新公司时。

(2)未能充分评估目标公司的文化影响是收购失败的最常见原因之一。

(3)文化是一个无形的概念,很难定义、实施和管理。关于什么样的文化是最佳的或者实施最佳文化的具体步骤,没有严格的规则。这实际上取决于现实情况和公司的长期目标。

(4)敏感地意识到不同的文化不仅存在于跨境交易中,而且也存在于国内交易中,这是重要的一步。

（5）树立正确的文化关键需要领导力、个人责任感、树立切实的榜样以及做出艰难的选择。

（6）选择恰当的组织结构类型（集中式或分散式），可以帮助你在刚购买的目标公司中嵌入企业文化。无论采用哪种方法，都可以实现理想的结果。

（7）尽量强迫自己离开个人的舒适区并尝试与不同类型的人互动。这将激励个人和有助于专业领域的学习，并帮助做出更明智的决策。

（8）在跨境交易中，要特别小心文化差异。确保你投资的国家或地区有收购方的当地员工，以帮助了解文化、商业环境和实践。

随着时间的推移，我们所学到的是对各种各样的文化、顾客和有效领导的理解和重视，这决定了成功的收购和失败的收购之间的差异缘由。

第6章　幕后主使是谁

> 政府不是解决问题的办法，它就是问题所在。
>
> ——罗纳德·里根[①]

案例研究：劳埃德银行与苏格兰哈里法克斯银行

哈里法克斯银行（Halifax and Bank of Scotland，HBOS）是一家大型金融服务集团，也是世界上最受推崇的银行之一。它是英国最大的零售住房按揭贷款提供商，市场份额占据英国的20%，账面资产约为4 000亿美元。2008年9月17日，在雷曼兄弟破产申请几天后，哈里法克斯银行的股价经历了巨大的波动，在220便士的高位和88便士的低位间来回震荡。在接下来的三天里，由于担心银行即将崩溃，哈里法克斯的股价暴跌37%。因为股票市场担心存款人和贷款人从银行撤出，这会导致银行出现挤兑。

由于担心该国最大抵押贷款机构的破产将对英国整个金融体系造成灾难性影响，英国政府安排了哈里法克斯银行与劳埃德（Lloyds TSB，TSB）银行[②]的合并。政府推动了这次并购交易，为了"维护金融体系稳定"的国家利益而克服了竞争性法规的障碍。英国首相戈登·布朗（Gordon Brown）会亲自参与，以确保交易成功。

在经过不到48小时的激烈谈判后，劳埃德银行和哈里法克斯银行在2008年9月1日宣布了交易条款，哈里法克斯银行的估值为200亿美元。当时劳埃德银行首席执行官埃里克·丹尼尔斯（Eric Daniels）承认劳埃德银行和哈里法克斯银行自2001年

[①] 美国第40任总统，任职期间1981—1989年。——译者注
[②] Lloyds TSB，是劳埃德银行和英国信托储蓄银行（Trustee Savings Bank）合并后的银行。——译者注

以来一直在谈论可能的合并交易,但总是对严格的竞争法规感到沮丧。现在由于经济处于危机中,政府突然放松了严格的竞争法规的要求。

人们可能会质疑劳埃德银行的团队如何能够在两天内分析评估一个总额超过4 000亿美元的复杂金融机构。他们是如何评估的?在48小时内对法律合同、财务、预算和董事会会议记录等进行了多大程度的审查?此外,为什么阻碍合并发生一年多的严格的竞争法规突然不再成为问题?

果然,2008年10月13日在政府宣布600亿美元的银行资本投资支持,以及随后哈里法克斯银行的股价下跌后,收购条款进行了下调。修订后的条款将哈里法克斯银行的股权价格定为100亿美元,是原先预期价值的一半。

尽管劳埃德银行和哈里法克斯银行的合并短暂地缓解了哈里法克斯银行的不利处境,但它在短期和长期内都将连累劳埃德。将劳埃德与哈里法克斯合并的策略,与其他金融机构所遵循的将"好银行"与"坏银行"分离的策略背道而驰。这是许多银行机构都采取的将其资产分为两种类型的战略。他们不再想维持的资产,如次级按揭贷款或复杂的衍生品,被放入"坏银行",随着时间的推移而逐渐减少,或出售给私募股权公司、其他银行以及不良资产买家,虽然价格会大打折扣。

而银行希望继续经营的资产,如公司贷款、债务工具和股权投资等,被放入"好银行"并继续得到支持。这个观点的依据是管理层现在可以专注于他们想要保留的那部分业务。即使是以高折扣价格摆脱"坏资产"也是值得的,这可以限制进一步的风险,减少"坏资产"分散管理团队注意力的可能性。

但是鉴于劳埃德银行必须做出决定的时间极短,管理层并没有筛选出想要的哈里法克斯银行的资产,他们不得不全部买下。事实证明,许多资产都比哈里法克斯银行本身所认为的更糟糕。劳埃德对资产的超额支付以及迫使管理团队的持续分心,导致新合并实体的业绩下滑。因此,政府最终不得不再次介入,用纳税人的钱加强合并实体的资产负债表,导致纳税人拥有劳埃德和哈里法克斯银行43.5%的股份。合并后的实体之后更名为劳埃德银行集团(Lloyds Banking Group)。不幸的是,尽管有政府的帮助,劳埃德再也没有真正从这次失败的收购中恢复过来。

无论目标是拯救经济、保护储户、规范高管薪酬,还是出于民族主义的原因,政府参与全球并购交易的趋势越来越明显。在某些情况下,政府干预的结果是合理的。但是在另外一些情况下,政府的参与只会使事情变得更糟,往往导致纳税人增加数十亿美元的成本。对劳埃德银行与哈里法克斯银行交易的深入分析,有助于说明政府干预并购的利弊。

哈里法克斯银行的历史

哈里法克斯银行是哈利法克斯（Halifax）与苏格兰银行（Bank of Scotland）于2001年合并而成立的，这是一家多元化的金融服务集团，在英国以及国际上从事银行、保险经纪和金融服务。在2008经济衰退开始之前，哈里法克斯银行是英国最大的零售按揭贷款提供商，市场份额为20％，资产余额约为4 000亿美元。它也是英国最大的流动性储蓄提供商，市场份额为15％。截至2007年12月31日，2007财年哈里法克斯银行报告的收入为340亿美元，税前利润为90亿美元。哈里法克斯银行的很大一部分投资组合为商业地产贷款。

哈里法克斯银行抵押贷款账户中有28％属于风险和利润率都较高的专业领域，主要是买房租赁和自我认证贷款（self-certified loans）。在自我认证贷款中，没有进行背景调查，申请人提交的信息是按面值进行的，信息都未经核实。在美国，这些贷款被称为"骗子贷款"，因为按揭贷款的申请人经常夸大他们的财务状况，以获得比其实际偿还能力更多的融资。然而，在其他参与者停止这样做之后，哈里法克斯银行仍然积极扩大按揭贷款的账户。在住房市场崩溃之前，这一切看起来都运行良好。

到2008年初，英国房价已经下跌了12％，这是自1983年以来的最大跌幅。分析师估计2008—2009年将进一步下跌15—20％，但房价收入比率——负担偿债能力的关键指标表明房价会下跌更多。房地产市场的急剧下滑，开始揭示哈里法克斯银行更多的负面问题。它是一家以销售为导向的银行，经常风险管理不善。哈里法克斯银行在2002—2004年期间的监管风险官保罗·摩尔说："我认为每个人都应关心业务是否受到控制。"

哈里法克斯银行资产负债表的负债方面过于复杂。它依靠大额融资业务来维持运营，换句话说，哈里法克斯银行没有大量的客户存款来为其业务提供资金。相反，它依赖于发行公募债务或股权来从其他银行或资本市场中来筹集资金。当资本市场因金融危机而枯竭时，它的融资渠道也随之干涸。银行手头存入的客户存款和借出金额之间的差额达到了3 150亿美元，这使得该银行严重依赖于资本市场（也即该公司已经发放了超过其存款水平3 150亿美元的贷款，并且不能再借款来弥补差额）。

哈里法克斯银行暴露出450亿美元的不良资产、激进的按揭贷款行为以及对大额市场融资的依赖，这三者的结合给该银行的股价带来了巨大的压力。随着次贷危机的爆发，其股价进一步下跌。哈里法克斯银行信用违约利差的成本[①]（表明该实体的信誉度）持续高于同业，表明投资者对该公司的经营可持续性持谨慎态度。

劳埃德银行历史

劳埃德银行(Lloyds Bank)与受托人储蓄银行(Trustee Savings Banks,TSB)合并，于1995年成立劳埃德TSB(Lloyds TSB)。经过一段时间的整合，该银行在埃里克·丹尼尔斯的领导下开始了一项新的以客户为中心的战略，涉及出售一些非核心资产业务，严格聚焦于英国。该集团分为三个主要部门：英国零售与按揭抵押贷款部门、批发与国际银行业务部门，以及保险与投资部门，这使该银行成为英国最大的按揭抵押贷款机构之一。

多年来，劳埃德银行将其商业模式转变为一家更保守和传统的银行。与哈里法克斯银行不同，劳埃德银行成功地避免了依靠大额融资来增加其资产，它有足够的客户存款来为业务提供资金。该银行实施了严格的风险管理流程，专注于向客户交叉销售不同的产品。这种转变的很大一部分归功于管理层。实际上，投资者认为劳埃德银行的股票是一种防御性投资，能在不确定时期提供稳定的收益。劳埃德银行与同行相比具有独特的优势，因为它拥有AAA债务评级，即使在金融危机中也不依赖于大额融资以保持独立。

并购时间线

政府全面救助哈里法克斯银行的一系列事件以及之后的公众反应，清楚地说明了政府机构积极参与并购的利弊：

● 2008年初：英国、美国和其他发达经济体的住房市场遭受严重压力，房价下跌，信贷供应几乎枯竭。贝尔斯登于2008年3月陷入信任危机，美国政府被迫进行干预。有关哈里法克斯银行资金问题的传言导致其股价下跌了17%，该银行拥有4 000亿美

---

① 信用违约互换(CDS)是一方（甲方）在另一家公司（乙方）的信誉下降时获得保险的一种方式。如果乙方公司违约，CDS的发行人将偿还CDS购买者的信用损失。CDS的价格与相关公司（乙方）的信誉度成反比，即保险的价格随着公司信誉的下降而增加。

元客户存款,令整个英国金融体系面临风险。

英国金融服务管理局(FSA)和英格兰银行发布了支持哈里法克斯银行的有力声明,安抚了市场情绪,而哈里法克斯银行的股票价格也回升,收回了部分亏损。然而,由于对房地产市场的持续担忧,哈里法克斯银行试图筹集新股权的尝试并不成功。随着2008年9月雷曼兄弟倒闭,市场焦点转向哈里法克斯银行在房地产业务上的敞口及其大额融资模式。随着信贷市场的瘫痪,恐慌的投资者开始抛售哈里法克斯股票,并导致了银行挤兑情况的出现。

● 2008年9月17日:据《独立报》报道,"英国最大的按揭贷款银行不能也不会被允许破产",原因是"零售存款约为4 000亿美元。"关于可能合并的猜测开始了。英国《金融时报》报道称,在2008年9月17日晚上,政府已经签署了一项协议,以救助信贷危机中的该国最大抵押贷款机构,并表示在没有政府保证下,劳埃德是唯一愿意借钱给哈里法克斯银行的银行。

● 2008年9月18日:劳埃德TSB向哈里法克斯银行的股东提出收购要约。宣布的关键要素是:

哈里法克斯银行股东每持有一股股份,将获得0.83股劳埃德TSB股票。以前一晚收盘价计算,劳埃德TSB每股价值为3.7美元,交易估值为190亿美元,将为哈里法克斯银行股东提供44%的增发后股份。这份报价比哈里法克斯银行前一天的收盘价溢价了60%。劳埃德TSB董事长维克托·布兰克和首席执行官埃里克·丹尼尔斯将领导合并银行,而哈里法克斯银行的首席执行官安迪·霍恩比将留在该集团。

● 英国政府规避了竞争委员会的干预,以使交易获得批准。合并后的银行现在将控制28%的住宅抵押贷款市场和33%的个人经常账户市场,在英国零售储蓄、个人贷款和信用卡、家庭保险和银行担保等业务上排名第一,在商业银行和中型企业银行业务中排名前三。达成交易的压力使政府忽视了由于合并后公司将拥有巨大市场份额所产生的竞争问题。

● 2008年9月19日:哈里法克斯银行股价收于每股1.95美元,远低于劳埃德提供的3.71美元价格。股票分析师推测该交易必定会取消。

● 2008年10月1日:苏格兰政治家马戈·麦克唐纳在阅读了劳埃德TSB和哈里法克斯银行主席在合并后的"欢快的评论"后,呼吁进行调查,她指出"这笔交易不受此类大型商业交易通常规则的影响",她说首相戈登·布朗和财政大臣阿利斯泰尔·达林错误地放弃了竞争委员会的正常介入,并且金融服务管理局"令人好奇地沉默"。

首相戈登·布朗重申他对这笔交易的支持,这让一些人确信合并可能会发生。该股票受到机构投资者的支持部分是由于首相戈登·布朗和财政大臣阿利斯泰尔·达林的支持言论,这推动哈里法克斯银行股价上涨 21% 至 2.36 美元,而劳埃德 TSB 股价也上涨 10% 至 4.50 美元。英格兰银行还通过秘密协议将其"最后贷款人"的融资便利扩展至哈里法克斯银行,该协议直到一年后才向公众及劳埃德的股东披露。

● 2008 年 10 月 7 日:达林和他的团队忙于为零售银行业制定救助方案,因为很明显不仅仅是哈里法克斯银行而且所有主要银行都在资本市场上受到影响。银行股开盘时,大量卖单涌出,并没有买家出价购买,导致股票价格像自由落体一样下降。苏格兰皇家银行(RBS)股价下跌了 40%,其他公司也在下跌。救助方案包括向银行注资 500 亿英镑,扩大现有流动资金计划,以及 2 500 亿英镑的政府担保资金。

那天晚上,财政部打电话给银行讨论救助方案。据内部人士称,丹尼尔斯先生给人留下了深刻的印象,他迅速掌握了这一银行救助方案的实质并指出了被忽视的问题。他坚称劳埃德并不需要钱,尽管他承认在 9 月 17 日进行救援性收购的哈里法克斯银行确实需要帮助。

● 2008 年 10 月 10 日:政府宣布为银行提供 600 亿美元的资本投资支持计划。①

● 2008 年 10 月 11 日:财政部再次召集银行会面,讨论注资的最终细节。丹尼尔斯先生惊讶地得知,财政部认为劳埃德和哈里法克斯银行的合并需要 170 亿英镑。财政部警告说,如果丹尼尔斯先生想要放弃这笔交易,不继续进行合并,那么劳埃德就不得不承担 11.2 亿美元的费用。劳埃德认为此举是政府施加压力的方式,因此并没有放弃哈里法克斯银行的交易。

● 2008 年 10 月 13 日②:金融市场进一步恶化,哈里法克斯银行股价跌至 1.44 美元,较前日收盘价下跌 28%。劳埃德将收购条款修订为每 1 股哈里法克斯银行交换 0.605 股劳埃德股票,修订后的报价将哈里法克斯银行估值为 99 亿美元左右。劳埃德和哈里法克斯银行还计划在政府资助的资本重组计划下筹集 270 亿美元,以稳定银行的资金状况。

劳埃德 TSB 董事长维克托·布兰克(Victor Blank)在评论并购的发展情况时表示,"今天的新闻对投资者和客户都有好处。劳埃德 TSB 强大的财务状况通过今天的融资进一步增强,这反过来又使我们能够推动收购哈里法克斯银行的计划。交易条件的更新表明我们的核心业务强劲且不断发展,客户可以确信他们的资金是安全的,劳

---

① http://www.parliament.uk/documents/commons/lib/research/rp2008/rp08-777.pdf.

② http://news.c.co.uk/l/hi/business/7666710.stm.

埃德 TSB 是储蓄的理想之地"。

● 2008 年 10 月 31 日[①]:政府越过了英国的竞争法,正式批准了劳埃德收购哈里法克斯银行的交易。公平交易办公室(OFT)在 2008 年 10 月 24 日发布的一份报告(OFT,2008 年)中,曾提出担心劳埃德和哈里法克斯银行之间的合并将导致竞争显著减少。

商业大臣彼得·曼德尔森(Peter Mandelson)在国会授权批准 2002 年企业法案中对"英国金融体系的稳定性"的考虑时,决定不将劳埃德与哈里法克斯银行合并一案提交竞争委员会。曼德尔森先生说:"我感到满意的是,总的来说,在没有竞争委员会干预的情况下允许合并进行,会令公众的利益得到最大的满足。"10 月 24 日,国会将"金融体系的稳定性"作为考虑是否允许交易发生的因素。似乎政府将英国金融体系的稳定性,置于对两家大型银行合并带来的反竞争性质的任何担忧之上。

● 2008 年 11 月 19 日:超过 96%的劳埃德股东批准了收购哈里法克斯银行并进行融资的计划。

● 2008 年 12 月 1 日:一群苏格兰消费者于 2008 年 12 月 1 日向竞争上诉法庭提起诉讼,反对合并。在一次非常快速的听证会后,该上诉被驳回。

● 2008 年 12 月 12 日[②]:哈里法克斯银行的投资者投票支持劳埃德的收购。哈里法克斯银行和劳埃德的股价反应消极,哈里法克斯银行收盘下跌 20%,劳埃德股价下跌了 17%。

● 2009 年 1 月 12 日[③]:合并的最终法律批准由爱丁堡法院授予,这导致一家超级银行的正式成立。财政部最终拥有合并银行 43.4%的股份,因为提供给哈里法克斯银行股东的新发行股票只有 0.24%被购买了。对劳埃德的股东而言,这个数字只有 0.5%。

这里出了什么问题？政府是否有权在如此大规模的合并时放弃对银行竞争影响的任何担忧？他们是否有权干预并影响劳埃德管理团队继续进行交易？考虑到对劳埃德银行和英国银行系统的长期影响,人们可以争论政府干预的影响是否有效。换句话说,如果没有政府介入,劳埃德与哈里法克斯银行的合并是否会更好,或是根本不会发生？政府是否应该发挥其影响力,令原本可能永远不会发生的交易完成？

[①] http://www.telegraph.co.uk/finance/recession/3287506/Lloyds-TSB-take-over-of-HBOS-to-be-rubberstamped.html.

[②] http://business.timesonline.co.uk/tol/business/industry sectors/banking and finance/ article5330783.ece.

[③] http://news.bbc.co.uk/lZhi/business/7823521.srrL.

这是一个有趣的问题，无论从哪个方面都可以辩论。正如政府决定参与全球收购一样，支持这种参与的论点是，该国的经济稳定性依赖于双方的交易。在这种情况下，合并的一方处在严重财务困难中，而两者的结合有望产生一个更大、更强的实体，并拥有更多的市场份额。换句话说，如果处于困境的一方被允许破产，那么这种影响将会波及整个经济，并且产生的震荡远远大于一家银行的破产。

在劳埃德合并哈里法克斯银行的案例中，情况确实如此。由于哈里法克斯银行被劳埃德及政府资助，我们永远不会知道，如果没有提供这种纾困支持，英国甚至全球经济会发生什么。合并可能会阻止金融市场稳定性的显著恶化。然而，类似在此合并中采用的策略存在一些严重的后果。

道德风险

道德风险的概念是，如果机构及其管理团队知道公司股票价格的下跌风险将会受到保护，他们就会提高风险偏好。设想一个赌博的例子。如果你知道赔钱时，有人会赔偿你100%的损失，也就是说，如果你赌博赢了，你能拿到钱，但是如果你赔了钱，你会得到全额报销。你还对自己的钱那么小心谨慎吗？道德风险的概念认为，如果下跌受到保护，人们将承担越来越高的风险。为什么不在没有下跌风险的情况下，尽可能通过押上最大的赌注来赚取最多的钱？

在金融界，如果银行知道政府总是会帮助他们摆脱困境，他们会遵循相同的行为，即使坏账变多了也没有风险，为什么不买入激进的抵押证券或复杂的衍生品？随着政府救助越来越多的银行，这种诱惑就会变得越来越糟。有人会争辩说政府应该让哈里法克斯银行破产，以阻止道德风险的恶化，这可以让企业家意识到必须接受他们决策的所有后果。

对利益相关者的困惑

大公司的首席执行官需要为许多利益相关者服务。首先，股东通过使用自己的现金购买股票，将资金委托给公司管理层。首席执行官和管理团队有责任尽可能审慎地使用这笔资金，并且在某一天将收益返还给股东。有人可能会辩解，劳埃德对哈里法克斯银行的救助拯救了英国经济,但鉴于并购完成后劳埃德股价下跌这一事实,这一收购并不符合劳埃德股东长期的利益。

员工是另一个重要的服务对象。每个公司员工都有自己的家庭,家庭很可能依赖于员工所获得的薪酬和福利。首席执行官有责任公平对待员工,并谨慎地建立一个稳固、财力雄厚的公司。

最后,有人可能会争辩说,公司对所服务的环境和当地社区负有更广泛的责任。越来越多的企业和社会责任正在成为公司战略的关键要素。人们要求公司对环境和整体经济采取负责任的态度。

因此,让我们评估劳埃德在此背景下购买哈里法克斯银行的决定。如前所述,如果哈里法克斯银行没有被收购就会破产,这笔并购交易会挽救经济的急剧下滑。尽管存在一些短期动荡,但银行从来没有出现过储户要求退款的情况。通过改善整体经济,埃里克·丹尼尔斯可以说这笔交易改善了劳埃德能够继续经营的环境。

但是,认为这笔交易对银行员工和股东有利则有些困难。作为直接结果,股东经历了巨大的财富损失。随着股价下跌,管理层不得不通过大范围的裁员来削减成本,因此许多员工也受到了负面影响。纳税人的钱被用来收购合并后公司43%的股份。最后,人们可以争论挽救失败的银行是否是使用纳税人资金的最佳用途。

短期与长期焦点

英国政府似乎主要受到短期担忧的驱使,即哈里法克斯银行的失败将给英国金融系统带来不利结果。更具战略性的问题则是中长期的预期影响。引用埃里克·丹尼尔斯的话说:

> "我们认为短期内收购哈里法克斯银行会很痛苦。事实证明,鉴于经济进一步趋于下滑,这是一个非常正确的说法。但我们也相信它在战略上是一次非常好的收购,在未来几年内将证明是如此。"[①]

[①] "银行业危机与处理英国银行的失败",英国下议院财政委员会,第7轮报告,2008—2009,第12页。

退出的能力

哈里法克斯银行的业绩表现和国家的经济状况明显低于原先的预期,丹尼尔斯承受着继续进行交易的巨大压力,这使他处于非常困难的境地。他主要负责的目标应该是他的员工和公司,还是拯救英国经济?这是一个很好的例子,说明看似合理的交易可能会导致预料之外的问题。

政局的动荡

最后,在这笔交易中规避英国竞争委员会的介入的努力令人惊讶。这就是苏格兰民族党成员马戈·麦克唐纳要求就所提议的两家银行合并的事实和情况进行调查的原因。似乎在匆忙决定拯救银行时,一些围绕反竞争的正常法律监管程序并没有得到严格遵守。

我们知道,这笔交易对劳埃德有着持久的、可以说是负面的影响。直到今天,仍然有一笔针对劳埃德购买哈里法克斯银行对公司造成损害的、金额为3.5亿英镑(4.5亿美元)的股东诉讼。最近这起诉讼导致的管理层时间被挤占、经济损失和惩罚性费用等,表明在尽职调查不足时完成复杂交易的危险性。正如我们在本案中所看到的,在交易完成后,财务影响和对管理层的干扰可能会持续多年。

案例研究:卡夫收购吉百利

卡夫(Kraft)收购吉百利(Cadbury)是一个并购产生政府和文化紧张局势的例子,这些紧张局势经常围绕着跨境收购。在跨境交易中,除了围绕定价、交易结构和战略意图等常规因素之外,还必须考虑到并购牵涉的每个国家的利益。全世界越来越多的民族主义意识抬头,迫使政府将国家的利益放在第一位,而不是保护试图达成协议的各方。通常国家利益问题决定了交易是否得到了监管机构的批准和交易的最终结果是否成功,而不是关于定价、法律条款和条件的确凿事实。

卡夫的历史

在美国企业中,很少公司有像卡夫食品如此曲折的历史,卡夫食品是奥利奥饼干(Oreo cookies)、丽兹饼干(Ritz crackers)和奥斯卡·梅尔午餐肉(Oscar Mayer lunch meats)等著名食品品牌的拥有者。该公司有一个漫长而复杂的故事,将合并和收购作为其主要的增长手段:

● 1903 年:詹姆士·卡夫(James L. Kraft)开始在芝加哥的一辆马车上销售奶酪。到 1914 年,他的公司开始生产奶酪。在随后的几十年里,卡夫开始收购包括澳洲酵母酱、费城奶油芝士、墓碑比萨饼、卡夫通心粉和奶酪在内的品牌。

● 20 世纪 80 年代:卷烟制造商雷诺兹(R. J. Reynolds)与丽兹和奥利奥等品牌的拥有者纳斯比克(Nabisco)合并,组建了 RJR 纳斯比克(RJR Nabisco)。然后它便成了有史以来最具传奇色彩的敌意收购的目标。经过世界上最大的一些华尔街银行和投资者之间激烈的竞购战,1988 年 KKR 公司以 250 亿美元的价格赢得了 RJR 纳斯比克的收购。

● 2000 年:菲利普·莫里斯公司收购了纳斯比克控股(Nabisco Holdings),这是 RJR 纳斯比克刚剥离出的独立公司。纳斯比克控股的最终收购价值约为 192 亿美元。这家香烟巨头随后将纳贝斯克与卡夫结合在一起。

● 2001 年:菲利普·莫里斯将其在公开上市交易的卡夫食品公司的一小部分股权转让。卡夫的首席执行官艾琳·罗森菲尔德(Irene Rosenfeld)离职并加入百事公司的菲多利食品部门,但于 2006 年又回到卡夫。

● 2007 年:奥驰亚集团(Altria Group,更名后的菲利普·莫里斯公司)完成了其在卡夫的多数股权的分拆。在投资者纳尔逊·佩尔茨(Nelson Peltz)的压力下,卡夫还同意出售其系列谷物、葡萄坚果、蜂蜜燕麦片等产品线。

● 2010 年:经过长时间的斗争,卡夫以约 190 亿美元的价格收购英国糖果公司吉百利。卡夫还将其冷冻比萨系列出售给雀巢公司。卡夫的最大股东沃伦·巴菲特(Warren Buffett)称这两笔交易都"愚蠢"。但是今天,巴菲特称他支持卡夫的资产剥离决定。[①]

[①] http://blogs.wsj.com/deals/2011/08/04/the-long-strange-history-of-kraft-foods.

- 2011年：卡夫宣布打算分拆成两家上市公司。这仅仅在其大规模收购吉百利之后仅18个月，这是一个令人惊讶的决定。卡夫表示，它的两类品牌最好进行独立管理，这样即可以吸引投资于高速增长零食业务的投资者，也可以吸引投资北美缓慢增长但稳定的杂货业务的投资者。

其提议的全球零食业务包括卡夫的欧洲业务和发展中国家市场，以及北美的零食和糖果业务。其中包括奥利奥饼干，吉百利巧克力和三叉戟口香糖在内的业务估计收入约为320亿美元。所有这些都在新兴市场国家/地区有更大的增长前景。麦斯威尔咖啡和果冻牌零食缺乏像这些产品的增长潜力，但其利润率更高，销售更可靠，这些业务的全球收入估计为160亿美元。

吉百利历史

吉百利是一个古老的英国公司，由约翰·吉百利（John Cadbury）创办，他是一个贵格会教徒，从1824年开始在杂货店销售可可。这门生意代代相传，直到1905年吉百利推出了奶制品，成为其最畅销的产品。多年来开发的其他产品包括果仁糖、雪花牛奶巧克力、蜂蜜巧克力夹心和奶油鸡蛋。在第一次世界大战期间，吉百利为士兵提供布料、书籍和巧克力，吉百利的2000名员工还加入了武装部队。

如今的吉百利是在1969年与饮料公司史威士（Schweppes）合并而成立的。合并后的公司继续收购了新奇士、加拿大苏打水和其他一些主要的饮料品牌。在2000年，三弧公司（Triarc）将斯纳普、米斯蒂克和斯图亚特三个品牌于以14.5亿美元的价格出售给吉百利史威士（Cadbury Schweppes）。当年晚些时候吉百利还收购了萝亚克朗。

在2008年5月2日，卡夫和吉百利还是两家公司：一家提供饮料，另一家则专注于糖果和巧克力。在2009年中，吉百利在其非英国产的一些巧克力产品中，用棕榈油取代了可可脂。尽管公司表明这是对消费者改善口感和质地需求的回应，但新西兰的标签上没有"新改进配方"的声明。环保主义者和巧克力爱好者都持反对意见。在2009年8月，该公司宣布将恢复在新西兰使用可可脂，并将通过公平贸易渠道采购可可豆。作为卡夫在2010年收购吉百利的一部分，他们同意继续履行吉百利在该领域的所有社会责任承诺。

交易的背景

吉百利董事会建议其股东接受每股 840 便士的报价,估值为 115 亿英镑(合 189 亿美元)。每股的收购报价包括 500 便士现金,其余由卡夫股票组成。卡夫借入了 70 亿英镑(合 115 亿美元)来为这笔交易提供资金。卡夫表示,这笔交易将创造一个"全球糖果业领导者"。但由于收购的影响,吉百利在英国的业务可能会裁员。

此次报价大幅增加了之前卡夫的出价,之前的出价被吉百利董事会认为是"嘲弄"而果断拒绝。卡夫先前报出以 105 亿英镑的价格对吉百利公司进行收购,吉百利董事长罗杰·卡尔表示这是一次"以便宜的价格购买吉百利的尝试"。吉百利的股东、标准人寿公司的英国股票主管大卫·卡明表示,尽管他希望提高价格,他仍会支持这笔交易。"我不会违背吉百利管理层的观点,"他告诉英国广播公司(BBC),"卡夫的这笔交易很棒,很遗憾吉百利已经不复存在,但生意就是生意。"

担心裁员

工会表示担心卡夫的收购会导致削减就业。尽管卡夫表示将投资伯恩维尔的工厂,并维持萨默代尔工厂的生产,但卡夫对未来 4 500 个英国工作岗位没有做出具体保证。卡夫不排除在吉百利总部乌克斯桥的裁员。卡夫表示,由于合并,它预计会"需要节省成本",但向投资者保证,萨默代尔的工厂会维持运作,会尽力减轻整个业务环节中的裁员。

联合工会的詹妮·佛姆比(Jennie Formby)表示,卡夫减少成本的需求可能意味着长期减员。"我们担心卡夫的债务水平",她告诉英国广播公司,"可悲的事实是,当他们必须偿还债务时,较为轻松的选择就是削减工作和职工福利。"当你必须节省成本时,必须了解这些节省成本的方法。

考文垂大学商学院教授戴维·拜尔同样提出了这些担忧。"必须对卡夫的意图提出严肃质疑,"他说,"卡夫已经有削减生产和将工厂转移到国外的记录。从长远来看,无法保证他们将继续在英国生产。"①

关于企业社会责任的担忧

作为协议的一部分,卡夫承诺尊重吉百利现有的公平贸易的供货采购承诺,以回应人们担心一家美国食品公司将在收购后停止销售符合道德标准的产品。例如,卡夫承诺尊重吉百利现有的出售公平贸易巧克力的交易,以消除收购后它将停止出售符合道德标准的糖果的担心。

卡夫食品集团的英国公司事务总监乔纳森·霍雷尔表示,卡夫已经与可持续采购的可可和咖啡供应商深度合作,并计划维持吉百利与公平贸易基金会的合同。但是他不能证实卡夫是否会继续谈判,以便将公平贸易可可豆的使用扩展到其他品牌——这是公平贸易基金会的主要担忧。

霍雷尔说:"如果我们的收购报价向前推进,我们希望尊重吉百利对可持续的道德采购以及公平贸易的承诺,但现阶段讨论任何细节还为时过早。"但是霍雷尔表示,这就像卡夫的说法一样,在收购提案上留下疑问,以增加吉百利对公平贸易产品的使用。他说:"这就是先发制人……因为我们在这个阶段实际上并没有拥有吉百利,所以需要更多地了解所有这些事情。正如我所说,我们当然希望履行他们的承诺。"目前向吉百利提供来自加纳的公平贸易可可豆的协议,被认为是有时间限制的,这也使得卡夫在现有合同结束时能够结束这种合作②。

市场反应

这笔交易重塑了全球巧克力行业,它将由四家大公司主导:卡夫/吉百利、玛氏(Mars)、雀巢(Nestle)和费列罗(Ferrero)。雀巢处于一个不同寻常的位置,它排在第三位,落后于玛氏和新的卡夫/吉百利巨头,这是雀巢作为世界上最大的食品公司所不熟悉的角色。因此,雀巢公司开始关注好时(Hershey),这是一家美国公司,其标志性

---

① http://news.bbc.co.uk/2Zhi/8467007.stm.
② http://www.guardian.co.uk/business/2010/jan/23/kraft-cadbury-fairtrade.

地位与英国的吉百利类似①。

据卡夫公司的最大股东、亿万富翁投资者沃伦·巴菲特称：卡夫以 119 亿英镑收购乳制品生产商吉百利，这是一笔"糟糕的交易"！"我有很多疑虑，"巴菲特说，并补充说如果他有机会，他会投反对票。在巴菲特的评论之后，卡夫的股票在盘前交易中下跌。

尽管受到批评，但巴菲特拒绝了通过出售伯克希尔在卡夫拥有的超过 9% 的股份以表示不满的建议。他说：这代价太大了，因为卡夫的股票仍然被"低估"（虽然并没有像三周前那样被低估）。巴菲特还强烈批评卡夫最近以他认为太低的价格向雀巢出售比萨业务。他表示，投资银行家所推动的"势头交易"导致了卡夫/吉百利的交易②。

尽管所有这些都是合理的担忧，但卡夫和吉百利的并购交易仍然如期完成。但是这一案例确实对并购行业产生了长期影响。例如，越来越严格的反垄断法消除了 2016 年 6 月关于雀巢仍然想购买好时的传言。食品和其他行业的交易越来越受到监管机构的严格审查，并且同一行业内大型企业的组合被视为减少竞争，从而可能提高消费者支付的价格，类似的交易因此被迫中止。

此外，围绕反对外国公司购买具有悠久历史的珍贵本国公司的内在民族主义情绪持续增长。收购吉百利导致英国政府审查并改变了外国公司购买英国公司的请求。英国政府开始觉得外国公司购买英国的竞争对手企业太过容易，因此开始建立法律保护。

英国"收购与合并小组"于 2011 年 9 月对法律进行了修改，使收购更加困难，包括：

- 购买后要求投标人提供更多有关其意图的信息。这是卡夫和吉百利案例引发的一个特殊问题，因为卡夫的管理层在交易结束一周后即关闭了吉百利的一家当地工厂，这与交易结束前他们做出的陈述恰恰相反。
- 目标公司现在不仅必须披露他们是否有潜在买家，还必须披露他们是谁以及他们的意图是什么。
- 取消"分手费"。③ 在规则变更之前，投标人/买方可以要求卖方向他们支付一笔

---

① http://www.tradingvisions.org/content/kraft-cadbury-takeover.
② http://www.telegraph.co.uk/finance/newsbysector/retailandconsuer/7036463/Warren-Buffet-Krafts-11.9bn-takeover-of-Cadbury-is-a-bad-deal.html.
③ 分手费(breakup fee/termination fee)，指在并购交易中，卖方选择终止并购协议，通常是为寻求更优报价，卖方因此需要支付买方的费用。——译者注

巨额的费用(在某些情况下为数百万美元),以便从之前已经达成的某种框架协议中完全退出交易。如果在签订框架协议和签订正式合同之间发生变化,由于存在分手费,卖家往往很难离开。取消分手费用,大大提高了英国公司作为目标企业摆脱交易的能力。

因此,虽然许多跨境交易仍在继续,但今天它们正受到更为严格的审查。政府希望参与私人部门的程度、政府在全球贸易中的地位以及围绕收购的监管影响等,都对跨境并购交易的数量和性质产生影响。随着特朗普政府在美国的出现,"看不见的政府的手"将如何影响全球经济以及跨国并购,让我们拭目以待。

第 7 章 现在退出交易是否为时太晚

因为事实发生了变化而改变你的想法有什么不对吗？但你必须说出为什么改变了想法以及事实究竟如何改变。

——李·艾柯卡（Lee Iacocca）[①]

本书这一章节的主要内容是关于"重大不利变化"条款（Material Adverse Change Clauses，下文简称 MAC 条款）。正如引言中所讨论的，MAC 条款是通常会在并购合同中出现的法律条款，即如果目标公司在最终成交前财务状况等发生了重大负面变化，允许买方取消收购。

该条款旨在保护收购方不受一些重大负面事件的影响，这些负面事件可能降低目标公司的价值。大型交易通常在签署购买协议和实际交易完成之间有很长一段时间。这段时间用于获得政府或监管部门的批准、获得股东对交易的同意、为交易安排融资，或安排在新的所有者接管公司之前需要做的任何其他事情。

在此期间，被收购方一如既往地运作，承担其业务、经济或行为超出其控制范围的正常风险，并等待合并完成。这段时间公司继续由现有的管理团队依据政策和程序进行管理。对于收购方来说，这段时期的风险很大。他们已经承诺以确定的价格买下这家公司，但由于没有正式的头衔，他们还无法管理运营。如果在此期间发生了任何异常事情，MAC 条款将可以保护收购方。

MAC 条款在不同的并购协议中有不同的内涵——即在特定的情形下，实质性的不利变化是指什么。这可能是任何合同谈判中最困难的部分之一。很难预料在签署和缔结协议之间会发生的各种各样的事情。买卖双方花大量的时间谈判，从而决定谁将为这些事情承担风险——是买方还是卖方。此外，鉴于金融市场的复杂性以及监管

[①] 李·艾柯卡（1924—2019），曾任福特汽车公司总裁，后担任克莱斯勒汽车公司总裁，使克莱斯勒东山再起成为美国第 3 大汽车公司。——译者注

机构批准大规模交易的时间增加,多数交易现在需要更长时间才能完成。因此,受保护的时间变得更长了,这给一个适当定义的MAC条款带来了更大的压力。

从历史上看,MAC条款非常宽泛,可以保护买方免受签署协议后可能发生的各种负面事件的影响。然而,近些年来MAC条款的应用范围逐渐收窄,每年符合MAC标准的事件都在减少。条款适用范围的关键在于谁拥有谈判的筹码。如果存在多个买家对标的物感兴趣,那么卖家就有足够的筹码将MAC条款的适用范围缩小。然而,在只有一个买家和一个焦虑的卖家的情况下,MAC条款可能会十分宽泛,以保护买家免受各种各样不利结果的影响。

通常情况下,援引MAC条款是买方拒绝完成预期并购的合法方式。但最近卖家开始起诉买家,声称实际发生的事件不足以引用MAC条款。在美国,这种诉讼大部分发生在特拉华州法院,因为许多大型美国公司是根据特拉华州法律注册成立的。根据该法院的先例,援引MAC条款以避免完成交易的收购方必须进行积极证明,证明的核心内容是:双方协议所定义的重大不利变化事实上已经发生。

案例一:美国银行收购美林证券

一个商业MAC条款是什么样的?它究竟保护了谁?它为什么不能阻止更多的人陷入糟糕的交易?附录A罗列了一些常规的MAC条款。当时一家名为三一国际基金会的非营利组织购买了美国公共医疗集团的资产,包括金融业务、相关人员和行政顾问。附录A中的法律用语意味着买方在购买公司之后、并在实际接管业务之前应该得到保护。这些保护包括:

卖方在财产出售给买方之前所犯的错误:

如果卖方在出售公司的前一天签订了一份亏损严重的合同怎么办?如果没有保护措施,买家将不得不为这份合同付出代价,而没有能力保护自己免受亏损合同的影响。

买方在提出收购要约之前很可能已经完成了尽职调查。然而,他们在签署合同和结束交易之间控制卖方活动的能力非常有限,无法防止实质性的不利变化。MAC条款规定了卖方对签署合同和结束交易之间异常情况的责任。

但根本问题在于究竟如何定义异常行为。卖方会争辩说,签订这样的合同对于他们的业务来说是非常正常的,符合过去的惯例。买方会争辩说,如此重大的合同在交易即将结束之前签署是不寻常的。如果买方的声明是正确的,买方可以要求卖方撤销合同或赔偿由这一不当合同所造成的损害。

这些争论点也正是公司法律顾问花费大量时间和收取费用之处。对律师来说,试图将模糊的术语定义为不寻常的和标准的书面惯例,并获得双方的同意可能非常困难。任何谈判都有收益递减的地方。我无法告诉你,我在谈判上究竟投入了多少个深夜,试图让各方对"合理"这样的词有一个合理的定义。

任何人都无法控制的变故:

如果你购买了一家公司的主要生产基地在密西西比河边上,而在交易完成的前一天河水泛滥,那你该怎么办?生产基地在清理过程中关闭数月,而销售将受到无法弥补的损失。这样的情况由谁来承担责任?在大多数 MAC 条款情形下,责任将由卖方承担,因为事件发生时,卖方仍然拥有公司。合约中通常规定,如果在签署合约和交易结束之间发生自然灾害,责任将在于卖方。但是这个问题也没有标准的答案,取决于谈判的最终结果。

三一国际基金会的 MAC 条款包含以下内容:

(1)行业特定事件。鉴于被收购公司属于无线电广播行业,买方必须对无线电公司面临的其他风险承担责任。

(2)经济环境。一般经济状况的变化所带来的风险应由买方承担。然而,这项规定是非常笼统的,如果出现问题,执行起来仍可能非常困难。

(3)监管。在这笔交易中,法律法规在签署合约和交易结束之间发生的变化所带来的风险由买方承担。在一些监管严格的行业,如果法规发生了不利变化,这种情况下买方将面临很大的风险。

请注意:在三一国际基金会的交易中,MAC 条款非常简单。条款所指的重大事件并不包含特定行业(媒体行业)的问题——例如市场衰退、新法律或买方的不良行为。即使有这些限制,这个 MAC 条款也是非常简单和直接的。从积极的方面来说,它简单易懂。从消极的方面来看,条款会使人们困惑,人们将无法理解究竟是经济中哪些因素让买家退出合同。

将该条款与 2007 年 9 月 15 日恰恰在金融危机前美银美林(即美国银行/美林证券)签署的 MAC 条款进行比较(见附录 B)。该 MAC 条款包含更多详细信息,并概述了多个特定的除外情形(即买方在发生不可预见的变更时负有赔偿责任的地方),包括:

1. 恐怖主义或战争行为

恐怖主义或战争行为可能会对经济、行业以及收购的公司产生严重影响。在签署协议和结束协议之间，如果遭受恐怖袭击和/或经济放缓的影响，那么损失应由哪一方承担？从历史上看，这些损失是由卖方承担的。但在最近的交易中，这些损失被推给买方。令人悲观的是，恐怖主义行为已变得十分普遍。虽然三一国际基金会和美国银行的交易中都包含了这一条款，但美国银行的规定更为详细。

2. 会计政策的变化

会计政策主要围绕企业如何进行会计核算，这些规则的变化可能会对公司价值产生重大影响。在美国银行和美林证券的交易中，美国银行同意承担全部风险。

3. 法律法规的变化

金融危机之后，金融服务部门受到了严格管制。多德弗兰克法案（Dodd Frank Act）和其他规则的实施，有助于防范危机期间发生的大规模银行倒闭。虽然这些规则中的许多条款是防止再次发生衰退的必要条件，但对金融机构的业绩产生了重大的负面影响。美国银行同意对可能影响美林证券的法律或法规的任何变化负责，考虑到当时这些法规的变化速度之快，它确实承担了一定的潜在风险。

4. 卖方的行为

这种除外情形是非常合乎逻辑的，这样卖方不会因为仅仅履行合同或采取买方特别要求的行动而对损害承担责任。

有了以上这些限制，你可能想知道：美国银行将如何在美林收购案中援引 MAC 条款？同时，请你考虑一下美国银行在和美林证券签约之后到美林证券倒闭期间，全球经济发生了什么：

- 雷曼兄弟破产申请。
- 大萧条的开始。
- 银行流动资金枯竭。
- 全年损失超过 1 万亿美元的股票市值。

更具体地说，关于美林证券：

- 2008 年第三季度美林证券亏损 51 亿美元，第四季度预计亏损 53 亿美元。更糟的是，美林的管理层决定在 12 月中旬投票决定最终批准美国银行收购之前，不予披露第四季度的预计亏损。

并购协议还包括一个条款，美林证券的高管有权获得总计 58 亿美元的奖金报酬——而无论该公司 2008 年的业绩表现如何！美国银行的高管后来声称，尽管协议中拥有这一条款，但他们并不知情。

为什么美国银行的首席执行官肯·刘易斯没有援引 MAC 条款，从收购美林证券的交易中退出？从 12 月初就可以清楚地看出，当时的美林证券并不是美国银行在 9 月 15 日同意收购的公司。在 MAC 条款中列出了详细的排除条款，美国银行也可以就为何退出交易提出合理的论据。对这段时间发生的实际事件的分析提供了一些见解，说明了为何尽管各方都有所保留，但交易仍在进行。

2008 年 12 月，美国银行董事会召开会议，以确定他们是否会援引 MAC 条款。两周前，股东们已经批准了这笔交易，然而，股东并不知道美林证券将在第四季度面临巨额亏损。而美国银行董事会确实知道这一损失以及可能对合并实体产生严重影响，他们必须将其纳入是否继续推进交易的考量。

但董事会中存在矛盾。为了国家和全球经济的利益，政府正在努力推动肯·刘易斯完成这笔交易。若交易终止和随后美林证券破产，将是对动荡金融市场的又一个打击，并有可能使全球经济进一步下滑。美国政府称，通常情况下，这确实会对美国银行的运作产生严重影响。因此，为了拯救国家、全球经济和自己的银行，肯·刘易斯将不得不完成这笔交易。这种情形对任何一个首席执行官来说都是处境艰难的。

肯·刘易斯非常关心他的股东，要求美国银行的律师分析与这些史无前例的事件有关的 MAC 条款。律师们认为，并购交易签署后，美林的业务存在足够多的实质性变化，美国银行可以根据 MAC 条款退出交易。此时，美国政府变得非常激进。当时的美国财政部长汉克·保尔森说："我就直言不讳了，我们支持美国银行，也想提供帮助，但政府认为，援引 MAC 条款退出并购交易并不符合美国银行的最大利益。如果你诉诸了 MAC 条款，我们将撤掉董事会和管理层。"[1]

刘易斯决定缓和局势。他最终同意推进这项交易，他说："我们与美国的关系如此紧密，以至于很难区分什么对美国有利，什么对美国银行有利。对美国和我们来说，情况都可能会变得更糟，它们几乎是一样的。"[2]

与此同时，美国政府提出通过担保一些不良资产来进一步支持这笔交易。保尔森同意向美林证券提供超过 1 000 亿欧元，来弥补美国银行可能在有毒资产上所遭受的损失。这进一步说服了美国银行继续进行这笔交易。然而，当美国银行要求获得政府的书面支持时，政府表示，任何书面形式的支持都将迫使公开披露政府担保。公开披露这种支持可能会导致金融市场恐慌，这恰恰是保尔森试图通过推动美林交易所竭力

---

[1] 肯·刘易斯(Ken Lewis)提供给安德鲁·科莫(Andrew Cuomo)的证词，科莫时任纽约州司法部长，2009 年 2 月 26 日。

[2] 《崩溃的银行》，2009 年 6 月 16 日，由迈克尔·柯克编剧和导演。

要避免的。

最终,刘易斯和董事会让步了,他们并没有太多选择。正如安德鲁·罗斯·索尔金(Andrew Ross Sorkin)对政府立场的诠释,"如果你不跟随,如果你不参与这个项目,最终结果仍将是政府会保证美林证券被收购,同时也将撤换管理层和董事会"。[1]刘易斯确信,完成这笔交易符合美国银行的最大利益。刘易斯表示:"我们认为,完成交易符合所有相关人员的最大利益。"[2]

未能援引 MAC 条款并退出并购交易,最终让刘易斯丢掉了工作。2009 年初,美林证券 2008 年第四季度的亏损被公之于众。尽管美林的财务业绩糟糕透顶,却仍需支付美林的高管巨额奖金。政府公开了对这笔交易的财政支持。美国银行的股东们非常愤怒,当股东们被要求批准合并时,根本不知道这些事情。他们对刘易斯推进了一项并不符合公司最大利益的交易感到极度困扰。美国银行对美林证券的收购是一个典型的例子,在这项交易中,MAC 条款可能会被引用来终止交易,但最终出于一些原因而没有被援引。

案例二:美国电话电报公司收购 T 移动

另一个签约后将交易置于危险境地的例子,是美国电话电报公司(AT&T)在 2011 年 3 月提出以 390 亿美元从德国电信手中收购 T 移动公司(T-mobile)。美国电话电报公司同意支付 250 亿美元的现金和 140 亿美元的普通股来为交易融资。美国电话电报公司有权将其报价中的现金部分增加 40 亿美元,同时相应减少股票部分。德国电信将获准任命一名代表加入美国电话电报公司董事会。

从较高的层面来看,这笔交易确实具有很大的战略意义。全球第二大和第四大的无线运营商将进行合并,在竞争激烈的市场中扩大规模。合并后的公司将超过维若森(Verizon)成为美国最大的无线运营商。美国电话电报公司认为,这笔交易的好处包括:

它解决了两家运营商即将面临的在移动宽带网络无线频谱、设备、应用程序和内容等方面的短缺问题。

---

[1] 《崩溃的银行》,2009 年 6 月 16 日,由迈克尔·柯克编剧和导演。
[2] 同上。

它允许美国电话电报公司将其最新的4G频谱扩展到美国97%以上的人口中。

它为T移动公司的3 400万用户提供4G频谱接入。(美国电话电报公司当时有9 600万用户。)

合并提高了两家公司的网络容量和服务质量。

德国T移动公司将拥有美国唯一一个主要由外国资本控制的电信网络,这家公司在美国境内将获得珍贵的频谱资产。

该合资企业预计将在美国创造5 000个呼叫中心工作岗位。

如果美国电话电报公司和T移动公司合并,第三大运营商斯普林特(Sprint)将很难与之竞争。为了提高市场份额,斯普林特积极提供比竞争对手更好的定价,几个月来一直处于亏损状态。该交易的另一个推动力是T移动公司在没有被并购之前较差的经营状况。单独来看,T移动公司的财务状况较差,它难以与大型运营商竞争。德国电信也曾表示,它将不再投资该公司。

在通信如此的关键行业,大型企业进行并购整合的交易中,最大的未知数是美国的反垄断监管机构是否会让这笔交易通过。行业竞争者和公共利益集团通常认为,合并后,权力将集中到更少的参与者身上,将改变行业的竞争格局,并最终推高消费者所付出的价格。

奇怪的是,即使面临着监管层和消费者的压力,美国电话电报公司管理层还是同意在交易因监管原因无法完成的情况下支付30亿美元的现金分手费。此外,即使交易没有成功,他们仍同意向T移动公司转让某些无线频谱,并以双方都有利的条件向T移动公司提供漫游协议。据估计,分手费的总价值在40亿到60亿美元之间。考虑到法院的变幻莫测和反竞争的模糊定义,这对美国电话电报公司来说是一个巨大的风险。

美国电话电报公司和T移动公司的股票收购协议包含T移动公司、美国电话电报公司和德国电信的某些终止权利。若由于未能获得监管机构的批准而终止股票购买协议,美国电话电报公司有义务向德国电信支付30亿美元的现金,并且与德国电信以对双方都有利的条件签订漫游协议,将某些无线频谱转让给德国电信。[①]

通俗地讲,美国电话电报公司曾承诺:如果该交易因监管或其他原因未能通过,它将支付30亿美元的现金和另外30亿美元的频谱价值。因此,美国电话电报公司正在大举押注于一项受到如此严格监管审查的交易。

---

① 美国电话电报公司的美国证券交易委员会文件,2011年3月。

正如预期的那样,监管讨论的过程漫长而详细。许多直接受合并影响的州都表示支持这笔交易,包括亚拉巴马州、阿肯色州、乔治亚州、肯塔基州、密歇根州、密西西比州、北达科他州、南达科他州、犹他州、西弗吉尼亚州和怀俄明州。他们认为无线建设的增加将使国家经济和当地居民受益,将为消费者提供更大的信号覆盖面,同时为当地社区创造就业机会。因此,由 15 名民主党众议员组成的一个小组鼓励奥巴马总统支持这项协议。

尽管有这样的压力,美国司法部强烈反对合并:理由是合并后的美国电话电报公司和 T 移动公司将导致全美数千万的消费者面临更高的价格、更少的选择和更低质量的移动无线服务产品。司法部副检察长詹姆斯·M. 科尔表示:全国各地的消费者包括农村地区的消费者和较低收入的消费者,受益于国家无线运营商间特别是目前仅存的四家运营商之间的竞争。这场诉讼旨在确保每个人都能继续享受竞争带来的好处。[1]

美国司法部还表示,地区无线运营商将无法与美国电话电报公司和 T 移动公司合并后的运营商进行有效竞争。美国电话电报公司表示,斥资 390 亿美元收购 T 移动公司,将更好地用于改善自己的网络。司法部反垄断部门代理主管沙瑞斯·庞任表示:"T-Mobile 一直是一个重要的竞争来源,包括通过创新和提高质量,比如推出首个全国性高速数据网络。"

纽约司法部长埃立克·T. 施奈德曼表示,此次收购将减少企业和消费者获得低成本选择的机会和最新宽带技术的使用,因此联合了美国司法部阻止此次交易。他声称合并将违反《联邦反垄断法》,并将损害纽约以及国家无线通信市场的竞争。

美国联邦通信委员会(FCC)主席朱利斯·杰拉周维斯基表示:"竞争是联邦通信委员会法定公共利益的重要组成部分,尽管我们的流程尚未完成,但之前的记录引发了公众对该交易是否影响竞争环境的严重担忧。无线服务的激烈竞争对于创新、投资、经济增长和创造就业至关重要,并推动我们在移动领域的全球领导地位。竞争增加了消费者的利益,包括提供了更多的选择、更好的服务和更低的价格。"[2]

委员会认为,如果允许合并,美国电话电报公司将控制 17 个都市群区域的 50% 以上的市场。

2011 年 7 月,美国电话电报公司通知联邦通信委员会他们将提交新的经济模型

---

[1] 司法部阻止 AT&T 和 T-Mobile 合并[J]. 卡莫迪商业杂志,2011-8-31.
[2] 司法部阻止 AT&T 和 T-Mobile 合并[J]. 卡莫迪商业杂志,2011-8-31.

来衡量与T移动公司合并的有效性和益处。结果,委员会停止了180天的审批程序,直到美国电话电报公司提交这些新的模型。美国电话电报公司监管高级副总裁鲍伯·奎恩说:"我们向委员会提供的工程和经济模型证实,美国电话电报公司和T移动公司的互补资产组合将带来巨大的容量收益和相应的消费者利益。一旦获得批准,这一合并将带来数十亿美元投资,并将创造数千个高薪职位。"[1]

为了进一步巩固他们的观点,美国电话电报公司管理层同意在交易结束后出售T移动公司25%的业务,并承诺不会提高T移动公司的现有向消费者的收费价格。这通常是大型交易买家采取的策略。通过出售被收购公司的一大部分,收购公司在新实体的市场份额和对价格的控制能力就会降低。无论是根据监管机构和管理层的建议、还是从反垄断的角度来看,出售目标企业的主要部门往往会使得交易通过审核。

美国电话电报公司希望这些努力将使合并得以完成。但即便如此,美国司法部仍坚持认为:合并将在无线通信市场形成双头垄断——美国电话电报公司和维若森将控制无线市场90%的利润。竞争对手继续抱怨,并游说华盛顿反对这笔交易的发生。斯普林特起诉美国电话电报公司,理由是这笔交易将使美国电话电报公司在用户数量上遥遥领先于其最接近的竞争对手维若森。

2011年9月,联邦政府提起了诉讼。司法部的反垄断诉讼强调了三大要点:(1)当市场上可供选择的无线运营商的数量减少,消费者必然会花更多的钱购买所需要的服务;(2)商业和政府合同的投标人将会减少,这将导致竞争减少和价格提升;(3)在电信市场已经非常完善的美国,没有任何公司可能在美国电话电报公司、维诺森和斯普林特之后,再参与到电信市场中。

我叙述这一系列详细的事件,是为了展示围绕竞业禁止等模糊问题的辩论是多么得复杂和漫长!想想看在这些企业高层进行辩论时,各家公司会受到什么干扰:管理过渡小组将会成立,以确定合并后公司的机制;同时决定谁将在交易完成后担任关键角色;从办公地点到人力资源政策,再到合并后实体的战略,各方都在进行讨论。而与此同时,实际交易的确定性正在日益变得不明朗。

考虑到这几个月的监管不确定性,为什么美国电话电报公司愿意让自己面临这种不确定性,甚至可能面临在他们无法控制情况下的60亿美元的潜在罚款?为什么美国电话电报公司会同意上述条款?为什么美国电话电报公司没有与交易对手签订MAC条款,使他们在无法获得监管部门批准的情况下可以立即退出交易?根据汤森

---

[1] 保罗·巴巴迦罗.美国联邦通信委员会重启AT&T和T-Mobile合并时限[N].彭博社,2011-8-31.

路透数据显示,合并双方达成的最大分手费用占交易总价值的15.4%。事实上,在电信这样一个对监管极为敏感的行业里如此操作,使得这项协议更加不同寻常。

在交易开始时,美国电话电报公司必须对获得监管部门的批准高度自信。但在这样的交易中,管理层总是需要对那些不完全在自身控制之下的领域保持高度谨慎。比如,为一项财产支付更高的价格、降低成本、重新安置设施等,都可以认为是在买家的控制之下,但在美国监管机构拥有最终决定权的领域里,不管你的观点如何,都可能产生对你不利的结果。

在这个案例中,监管辩论于2011年11月底达到高潮,美国电话电报公司和T移动公司宣布撤回向联邦通信委员会提交的合并移动电话业务的申请。并购双方意识到,尽管双方在交易最初对并购有较高的期望,但监管层也绝不会批准这项交易!并购双方表示将继续寻求其他途径,以使交易获得批准,但现在看来,他们不太可能获得完成交易所需的反垄断批准。

结果,美国电话电报公司宣布从利润中扣除40亿美元,向德国电信公司支付分手费。桑福德·伯恩斯坦的分析师克雷格·莫菲特表示,取消向联邦通信委员会申请"是美国电话电报公司默认的一种说法,即这个故事已经差不多结束了"。

案例三:维若森竞购雅虎

最后,在维若森试图收购雅虎全部的核心编辑和广告业务的交易中,是在签署合约和交易结束之间发生了意外事件。2016年7月,美国第一大无线运营商维若森首次宣布以48亿美元收购雅虎的广告和内容业务。随着传统电信业务的增长持续下滑,维若森计划在移动设备的数字广告上扩大业务规模。有超过10亿用户访问雅虎以获取体育比赛成绩、金融新闻、电子邮件或其他服务。因此雅虎将为维若森提供一个很好的平台,来扩大他们的数字业务。

雅虎管理层认为,雅虎对维若森而言是继一年前维若森以44亿美元收购美国在线(AOL)之后的又一笔不错的收购。虽然美国在线作为一家更为传统的数字内容公司并没有取得很大进展,但它确实成功地将程序化广告购买与视频所需的目标工具相结合。雅虎的核心编辑和广告业务是对这一业务的很好补充。分析师克雷格·莫菲特表示,维若森正试图将业务重心从模拟转向数字。维若森相信,合并美国在线或雅虎将提供他们执行视频再造战略所需的数字广告平台。①

但在交易达成后，雅虎披露称，其 5 亿多个用户账户的数据遭到入侵。这些事件发生在 2013 年和 2014 年，不幸的是，直到维若森和雅虎签署购买协议之后，这些事件才被披露。维若森认为这显然是一个在交易时并未披露的重大不利变化。由于他们在签署协议时并不知道这一责任，维若森要求将购买价格降低 9.25 亿美元，以弥补潜在风险。

从这个问题上来看，合并后的实体显然有重大责任。事实上，雅虎仍面临着数十起与窃取用户数据相关的诉讼。2013 年，黑客窃取了包括弱加密密码和 10 亿消费者账户在内的信息，然后在网上出售。次年，另一批据说由外国政府资助的黑客窃取了 5 亿账户的类似信息。

经过多轮讨论，双方同意对这些数据泄露承担最终责任。维若森对此次数据泄露的索赔从 9.25 亿美元降至 3.5 亿美元。尽管雅虎在 MAC 条款下存在巨大的申诉空间，但雅虎仍希望完成交易，因此他们必须寻求一个务实的解决方案。维若森产品创新副总裁马妮·瓦登（Marni Walden）说，"我们一直认为，此次收购具有战略意义。期待着迅速前进，以便能够欢迎雅虎的巨大人才和资产进入我们不断扩大的数字广告领域"。②

这是一个很好的例子，即使在 MAC 条款或其他方面拥有很好的合同保护，买方也可能不得不做出让步来完成交易。如果维若森坚持以 9.25 亿美元的价格要求索赔，这笔交易可能永远也不会完成。尽管出现了数据泄露，但维若森仍对雅虎带来的大量数字用户感兴趣。他们能够利用数据泄露降低收购价格，但显然这些事件不足以影响整个交易。由于其他竞争原因，维若森迫切需要完成这笔交易。

结论

这一切意味着什么呢？重大不利变化已从一个很少被考虑的条款，变成了经济大衰退后多数大宗交易的主要焦点。随着世界政治和商业上变得更加动荡，为买家提供的保护范围已经缩小。MAC 条款不仅变得更加严格，而且迫于监管和政治压力，执

---

① 维若森和雅虎的合并寻求 9.25 亿美元的折扣，最终定为 3.5 亿美元[N]. 科技新闻，2017-3-13.
② 维若森收购雅虎的成本减少 3.5 亿美元[N]. 纽约时报，2017-2-22.

行合同条款也越来越难。

这就增加了买家在签署合同前进行尽职调查和了解实际购买资产的重要性。如果你在签约后再也不能退出,那么签约和成交之间的这段时间就会变得更加关键。因为签约后无法控制的事件,让像肯·刘易斯如此的首席执行官都暴露在重大风险之下,但他们在法律上或道德上都有义务继续完成交易。

更严格的 MAC 条款也会增加政府的作用和影响力。正如我们在美国电话电报公司/T 移动公司并购案中看到的那样,美国政府对交易有着越来越大的影响力,包括交易能否顺利进行,以及美国电话电报公司是否必须向 T 移动公司支付数十亿美元的分手费。正如我们在美银/美林合并案例中看到的那样,肯·刘易斯似乎有权动用 MAC 条款取消交易。然而,来自政府的更微妙的压力,说服了刘易斯和他的董事会继续推进收购,即使他们对此表示严重怀疑。

最后,这些案例表明——推动交易的并非总是合同中所写的内容。正如我们在维若森/雅虎案例中看到的那样,即便在合同签署后出现重大不利事件,买方仍希望推进交易。这并非是对合同语言进行详细的法律分析,而是基于买卖双方的两位商界领袖就如何充分利用糟糕的形势,并最终取得有利的结果而进行的务实讨论。

没有人确切地知道 MAC 条款将如何演变。在一个更加不稳定的世界里,可能会增加对清晰、详细的 MAC 条款的需求,以确定买家如何以及何时能够退出交易。然而正是在这种动荡的环境下,卖家也会更加严格地限制买家,不让买家在无法控制的商业环境中逃脱责任。政府继续参与并解释这些 MAC 条款的意愿将会越来越强。所有上述情形都将增加并购交易的不确定性,使得交易变得更加复杂,并限制买家撤回合同的能力。

第8章 如何在谈判中完成更好的交易

> 我父亲说:"你绝不能试图赚一笔交易中所有的钱。要让其他人也有钱可赚,如果总是独占利益,你就不会有很多交易。"
>
> ——J. 保罗·盖蒂①

记得几年前的一个清晨,当时我和家人还住在伦敦。我最小的女儿是当时9岁的梅根,正挣扎着起床去上学。她非常想多睡一会儿,待在家里度过愉快的一天。当我试图叫醒她时,她拒绝了。她的第一反应是用孩子们一直流行的借口——"爸爸,我病了"。当我摸到她并未发烧的前额后,她不得不承认感觉良好。然后,她争辩说,对于她这样一个小女孩来说,坐很长的地铁去上学太难了。梅根随之承诺,如果我让她待在家里,她会做所有的家庭作业,整天读书,而不是看电视。最后,答应第二天去上学。然而,我一点也没有松口,她不情愿地从温暖的床上爬了起来,准备迎接这一天的到来。

当我下楼吃早餐时,13岁的女儿瑞秋不想吃我为她做的燕麦片。一开始,瑞秋说她不饿。第二个理由是她不喜欢燕麦粥,接着便说我是一个非常糟糕的厨师。然而,瑞秋倒是愿意吃些水果来代替燕麦片,这对我来说似乎是一种合理的妥协。

当大女儿劳伦准备离开家时,她要求在放学回家的路上花80英镑买一件阿贝克隆比 & 费奇(Abercrombie & Fitch)②牌的毛衣。当然,她马上就需要这件毛衣,而且它必须是一件阿贝克隆比的毛衣,才能让她暖和起来!经过一番交涉,我最终同意给她40英镑。如果她真的需要,她可以选择买一件便宜一点的毛衣,或者可以用她自己四周的零花钱。劳伦兴高采烈地去上学时,另一个问题解决了。

在出门的路上,妻子艾米问我当天晚上几点回家。我解释说,有一顿重要的工作

---

① 美国20世纪50—60年代的石油富商,曾经的世界首富。
② 美国第一休闲大牌,是当今年轻人最青睐的品牌之一。——译者注

晚餐，会至少待到晚上 9 点。艾米说她 7 点同样有约，这就带来了问题。又一次地，在不断交涉之后，我同意在餐前酒结束之后立即回家，傍晚 6:30 到达家中，这样她就可以享受整个夜晚了。

说上述这些的目的不是要用我的家庭故事来烦你，我相信每个人都有自己的故事要讲。然而，这四个故事的确说明了生活中的大多数事情都是一场谈判。在这特殊的一天——在离开家去工作之前，我已经进行了四次单独的谈判！我经常让 MBA 学生在课堂上举手，告诉我当天他们是否进行过谈判，结果很少有人举起手来。但在解释了谈判的实际内容之后，全班同学都承认：就在那一天，他们都有不止一次的谈判，从简单地与陌生人摆姿势看谁替谁开门，再到公寓租赁条款的讨价还价，一切都是谈判。

要成为一个好的谈判者，最关键的事情之一就是要意识到你正在谈判中，然后采取相应的行动。如果你甚至没有意识到正处于谈判中，你怎么能成为一个有效的谈判者呢？在商业以及个人生活中都可能导致令人失望的结果。本章讨论的概念不仅仅在任何并购交易中都会有帮助，并且在大多数人每年进行的数百次大大小小的谈判中也会有所帮助。

下面第二个示例，是在商业情境中的应用。当职业生涯的中期时，我在一家大公司的业务开发组工作，花了几个月的时间对一家大型全球金融服务公司的收购案进行分析，这家公司与我们的业务完全吻合。尽职调查中我经常加班到深夜，周末没能和家人在一起。尽管有很多因素会影响当年的业绩评估，但一旦完成这宗价值逾 10 亿美元的交易，肯定会有助于改善我的业绩评估、在公司的职位，以及当年的总体薪酬。

目标资产的出售过程已经开始，有 50 多个投标者。经过第一轮尽职调查后，投标人减少至 6 人。这些投标人被允许与公司管理层会面，并在提交一份不具约束力的资产投标书之前，审查一套有限的会计账簿和记录。经过这一过程后，投标人从 6 个减少到 2 个。我的公司是最后两家投标人之一，资产出售方的投资银行表示我们是更优的竞购者。我们做的每件事都是对的：花了足够时间与目标公司的管理层建立信任；在围绕协议中的法律问题进行谈判时是合情合理的；为目标公司提供了一个公平的价格；很快得到了公司内部对交易的批准，并及时向卖方做出了答复；安排了足够的资金，以便快速有效地完成交易，几乎没有给卖方任何不确定性，并明确将把交易进行到底。

我们现在所能做的就是等待！紧张的气氛令人难以置信。团队和我在这次交易中投入了大量的时间和精力，但结果是不确定的。卖方的银行家表示：我们"处于有利地位"，下周将听到有关谁是最终赢家的消息。星期一早上，我接到了电话，知道这是个好兆头。在这种情况下，通常没有消息是坏消息，所以我很高兴他打来电话，我已经准备接受这个好消息了。

然而，这位卖方的银行家出人意料地保持中立。他解释说，我们确实是首选的投标者。目标公司真的很想分一杯羹、和我们一起成长（即接受我们的收购）。但他表示，不幸的是，我们不是出价最高的竞标者。另一位买家愿意为此支付略高一点的溢价。但是，由于我们是首选的投标人，他想为我们提供赢得竞购的"最后机会"。

这时我深吸了一口气，问道出价将需要多高才能赢得竞购。金额是1 000万美元，大约是购买价格的2%，我认为这是非常好的消息。毕竟1 000万美元是固定的，相对于5亿美元的投资来说是很小的。在做了这么多工作之后，我们肯定会多付1 000万美元。这家公司非常适合我们，不能让这笔交易失败。当挂断电话时，我很高兴基本上赢得了这笔交易。我确信能在午饭前给对方回电话，同意支付1 000万美元，并开始庆祝。

但上述的想法是在去见我的老板并解释情况之前。老板提醒我：1 000万美元仍然是一大笔钱。他提醒我不要被"锚定和调整效应"[①]影响。这是一个谈判概念，当整体购买价远远高出一个可能的增量价值时，谈判中的一方可能无法洞察该增量的真正价值。在一笔价值5亿美元的交易中，1 000万美元似乎并不重要。然而，如果有人明天给你1 000万美元，那肯定会是一大笔钱啊！在谈判中，相对于关注金额增加值，反而保持对金额绝对价值的判断是非常重要的。

我的老板推测对方使用的是第一种谈判技巧——虚张声势。他不相信另一个出价比我们更高的竞购者。事实上，他认为，无论是否再支付1 000万美元，我们都会赢得这笔交易。卖方只是想再从我们身上榨取1 000万美元，因为他们知道我们非常想买这项资产。我向老板提出了反对意见：已经在这笔交易上花费了这么多时间和金钱之后，我们是否真的愿意承担冒着仅仅1 000万美元的损失而失去一笔非常有吸引力收购的风险呢？

这就是任何谈判中最困难的部分之一——耐心、勇气和坚持。它凸显了像我的老板这样一个有经验的谈判家和像我这样新手对比的反差。老板以前也经历过这种情况，所以他能够坚持自己的观点，并从过去的交易中汲取经验。有趣的是，他说会让我

[①] 锚定与调整效应：指在没有把握的情况下，人们通常利用某个参照点来降低模糊性，然后再通过一定的调整来得出最后的结论。行为金融学将这一法则引入金融市场，认为在金融市场上，当投资者对某种股票形成较稳定的看法后，就会在一定程度上被锚定在这种看法上，并以此为基准形成对该股票将来表现的预期判断。——译者注

做决定,因为我花了很多时间在这笔交易上,而且全心全意地想要它成功。如果我想马上轻松一些,应该立即打电话给对方的银行家,同意这笔交易,然后出去吃顿美味的午餐。但老板强调:这通电话和我的好心情,会让我们公司付出1 000万美元的代价!我想已经知道了答案——我得等待!

星期一我等了一整天,没有打电话。在经历了几个不眠之夜后,一直等到星期四。终于在星期四下午,电话来了。一旦卖方的银行家打电话过来,而不是等待我的回应,我就知道:事情的主动权掌握在我手上了!如果他有这么强的第二位竞购者,他为什么又打电话给我?他没有马上给我回音,为什么不和那个投标者达成交易呢?他局促地问我,最终我们的收购价是多少?这位银行家现在并不那么积极试图再获得1 000万美元。如果另一位买家真的出价更高,他就不会再打电话来了。他会接受另一方的收购要约。

当我解释说,没有得到批准提价时,银行家说会给我回电话。不到一个小时,我接到一个电话,说我们是"幸运者",卖方已经同意卖给我们——即使不是出价最高的。我们永远也不会知道过去的事情到底是真的还是虚张声势,尽管我有怀疑,但这并不重要。最重要的一点是,谈判就是要有耐心,应该坚守立场毫不动摇。控制自己的情绪,避免对问题的情绪化反应,这是谈判成功的关键。

有效谈判的十种最佳做法

有效的谈判需要实践、并且前后一致,以及在谈判中剥离个人情感的能力。关于谈判的艺术已经有很多书写过了。但我认为,在并购背景下进行有效谈判的十大最佳做法如下:

1. 保持警惕

在任何谈判中人们都会很容易失去洞察力。并购交易通常需要在律师事务所谈到很晚才能谈成很多事情。有时,人们变得争强好胜,过分关注争赢每一点,而不是专注于重要的问题。

例如,我认为在一次以数百万美元收购一家制造地下废物储存罐公司的谈判中做得很好,能够协商签订保护条款——即卖方将继续提供服务,直到我们能够建立自己的工薪系统;达成的协议规定可以保留卖方公司总部供我们的工作人员使用;能够继续使用卖方的公司标识6个月;等等。我谈成了大部分事项,我相信已经成了"谈判大师"。放弃的唯一一点是，在完成交易后，卖方将不对其环境影响负责。

尽管已经赢得了大部分的谈判，但不幸的是，放弃的这一点比我赢得的所有事项加起来要重要得多。一个环境问题可能给我的公司造成无限的损害。如果该公司的水箱泄漏并污染了地下水供应，而我们对此并不知情，那该怎么办？这种潜在的负债通常在清算时出现，但买方和卖方并不知道，因为这些问题尚未暴露。但它们在交易后必然会成为主要问题。在没有合约保障的情况下，我让我们公司无限制地暴露在可能涉及大量风险的问题中。在这一单交易中，我实质上同意买方将为环境索赔问题买单，不管它们是否是我们的过错！

我没有意识到——重要的不是你在谈判中谈成的条款数量，而是谈成条款的质量！幸运的是，收购案后并没有遇到任何环境问题索赔，但这对我来说是一个很好的教训，我应当像那些赢得谈判的人一样专注于重要问题。

第二个例子是收购一家大型母公司的子公司，我谈拢了所有问题。卖方同意对所有环境问题负责。卖方保证其高级管理人员会加入我们的组织。他们甚至同意，若在交易后有任何法律纠纷，都将赔偿买方的法律费用。我们非常幸运地得到了这样一份全面的保护协议。

在计划完成交易的前一天晚上，我最后看了一眼合同。在并购合同中，支持此类担保的一方被称为赔偿方。例如，如果我们有环境问题索赔风险，赔偿方就会补偿我们。被视为赔偿方的公司是唯一有义务偿还我们的一方。当读到那份文件时，我感到一阵恐慌！赔偿方并不是价值数百万美元的母公司。对方成立了一家子公司，仅用10万美元现金作为资本金，为可能总计数百万美元的问题提供担保，最终母公司没有法律义务支付任何费用。

为什么这很重要？假设我最终得到了卖方同意赔偿500万美元的环境索赔。由于我的赔偿人只值10万美元，他们永远也无法支付索偿的款项。他们很可能申请破产，母公司将注销该部门。虽然母公司有足够的钱支付，但它没有为其子公司担保的合同陈述。因此，它没有责任。

现在，我知道为什么在谈判中如此容易成功了，因为无论实际索赔多少，我都不会得到超过10万美元的赔偿。卖方实际上已经把给我全部赔款的总风险上限定为10万美元，所以并不真正关心所做的承诺。卖方团队在谈判中超过了我！他们满足了我的自尊心，我很高兴在所有问题中占据上风，但是如果像现在这样签合同的话，我会让我的公司处于危险之中。

2. 保持耐心

当艾米和我刚开始生活时,我们找到了"完美"的房子:它在宜居的社区里,有适当数量的卧室,还有一个巨大的后院等。它只有一个问题——价格,比我们心目中判定的价值和能够合理负担的价格高出大约10%。卖方根本不愿就价格进行谈判,因为这所房子才在市场上挂牌出售两个星期。

艾米和我进行了长时间的讨论。一方面,它对我们来说是完美的,我们已经找了好几个月了,都觉得再也找不到像这样好的家了。我认为需要往长远看,价格只多了10%,而房价也在上涨,估计能在几个月后重新收回资金。

但艾米比较理性。我们不必迅速采取行动。虽然现在住的公寓又小又挤,但肯定可以继续在那里住上一段时间并过得很幸福。每天都有新房子上市,以增加我们的选择。

幸运的是,我听了艾米的话,没有买下房子。仅仅两周后,市场上就出现了一栋更好的新房子。它在一个更好的小区,多一个卧室,并且房屋状况更好。最重要的是,它比我们喜欢的第一套房子的价格低了20%。

我们买下了这套房子,很喜欢它,并在里面住了五年。当我们出售时,相对最初的购买价格,获得了可观的收益。听从了我妻子的建议并保持耐心,我们做出了正确的决定。事后看来,这一切看起来既合乎逻辑又简单。然而,如果没有艾米的正确判断,情绪化、没耐心和自负可能会驱使我买第一套房子。保持耐心是很困难的,远见卓识同样困难。你很难传达出你真正想要的东西,但要想成为一名优秀的谈判者,必须学会如何做到这一点。你不能回头看,必须向前看。在大多数情况下,即使你认为永远不会出现更好的机会,但它终将出现。

这种情况在并购领域屡见不鲜。正如在第1章中所讨论的,弗雷德·古德温之所以坚持继续收购荷兰银行,是因为他认为这是一笔好交易,还是因为他不想把它输给巴克莱?苏格兰皇家银行何时才能有如此好的机会再次收购一家全球知名银行?古德温什么时候才有机会通过完成历史上最大的一笔收购而名垂青史呢?我们无法得知,缺乏耐心是否对收购过程产生影响,但是它一定与古德温继续收购的决策有关,假如他愿意等待,他或许还能在荷兰银行竞购中用更优的价格收购到更优质的资产。

3. 倾听

我一直认为愿意并能够倾听是人际关系中最容易被忽视的品质之一。我们中的许多人——尤其是大公司的首席执行官,都有很强的自我意识。如果已经知道了所有的答案,那么其他人还能说什么对我们有利的呢?我们把时间花在会议上,试图向每个人证明我们是多么聪明,而不是从谈判桌旁的人那里得到意见并向其学习。

爱因斯坦说过："如果 A 等于成功,那么成功的公式是 A=X+Y+Z,其中 X 是努力工作,Y 是懂得休息,Z 是少说空话。"在谈判环境中尤其如此,一个人可以通过观察别人的身体动作、说话的语气和语境等来了解一个人在某一特定问题上的立场,关注房间里的其他人比任何你能说的都要有启发性。

我曾经参与收购一家全球性有线电视公司的谈判。坐在桌子另一边的首席律师马丁是一位经验丰富的、参与过多笔交易的老手。他几乎没有流露出什么感情,这使他很难被读懂。许多天来,我们工作到深夜持续谈判。每天晚上 8 点左右,马丁的年轻同事每隔 15 分钟就会走进谈判室。马丁会在中途停止讨论,快速与他的同事交谈,然后继续谈判。

持续一段时间后,这件事变得非常令人分心。我开始漫无边际地想象:马丁收到关于交易的重要实时信息了吗?他在检查另一笔重要交易的状况吗?还是他只是想扰乱讨论的进程,让我措手不及?我尽了最大努力不受这件事困扰,但我发现自己失去了谈话的线索并出现遗漏。虽然并没有因此而错失任何要点,但这对我集中注意力肯定没有帮助。

一旦交易签署并完成,交易团队通常会一起出去庆祝。双方都努力工作,希望能取得公平的结果。在这笔交易中,我们在交易结束后的一周去了一家高档餐厅,我必须知道什么对马丁如此重要,以至于他每 15 分钟就需要更新一次。他是一个强硬的经验丰富的谈判者,我认为可以从他那里学到很多东西。所以当甜点端上来的时候,我鼓起勇气问了他。

原来马丁是纽约扬基队的狂热球迷。他的同事实际上每 15 分钟就会更新一次扬基队比赛的比分!马丁承认,这么做有两个目的:一是他非常想知道比分,第二确实是希望扰乱谈判进程,分散我对手头问题的注意力。

仔细倾听,避免分心,正确理解当前信息,对于确定交易对方的立场是非常有价值的。

4. 诚实是最好的策略

我发现人们对工作和生活具有长期记忆。在谈判中,诚实和坦率不仅对一个人的声誉至关重要,而且对你所代表的组织声誉也至关重要。耍滑头的话,你可能会得到短期的利益,可能会让你在目前的交易中占上风。然而长期的后果可能是灾难性的,只要一次就能毁了你的名声。在下一笔交易中,人们也会记住这点。

你经常会在并购谈判中看到此类问题。在交易开始时,权利属于卖方。在当今竞争激烈的市场中,每一项待售资产通常都有多个竞购者。然而,拍卖过程逐渐缩小了所涉及当事人的范围，直到你找到了一个将与之洽谈买卖合同的人。在许多情况下，卖家也有完成交易的时间压力。出于会计考虑，他们可能需要在年底前完成，或者可能需要快速完成，因为他们需要现金。

随着这一进程的投标人逐渐被淘汰，权力从卖方转移到买方。由于投标人的数量减少，卖方的选择余地也就减少了。更少的投标人继续完成尽职调查，花费大量时间谈判合同，获得监管批准，并安排资金支付。在合同谈判结束时，通常只有一方能够在最后期限内结束谈判。重来一次的代价是昂贵且令人难以忍受的，因此，现在与唯一买家结束交易的意愿将前所未有的强烈。

据悉，一些买家在最后一刻利用这一优势为自己谋求利益。这些交易总是赶在最后期限之前完成。我不止一次极力地争取在周五下午 5 点之前就合同达成最终共识，因为在银行关门之后，我们再也无法处理电汇了。买方怀疑卖方更有可能在最后一刻，而不是在谈判过程中同意任何事情。

让我们举个例子。假设是星期五中午 12 点，交易需要在那天完成。买方利用这一主动权，在最后一刻要求买方的环境索赔保护金额从 1 000 万美元增加到 2 000 万美元，尽管他们两天前已经正式同意协商好的 1 000 万美元是多项让步之一。卖方该怎么做？如果他们不得不在下午 5 点银行关门前签署协议，他们就无处可去了。卖方会感到巨大的压力，开始选择让步。如果他们真的需要资金，又没有其他投标人的话，他们只能和你交易。

但是，尽管这种行为可能在短期内有效，但从长期来看，它会对你和你的公司以及未来赢得交易的能力，造成极大的损害。要记住："并购市场很小，人们的记性很好。"下一次你出价购买一处资产时，你将是卖家最不愿意与之打交道的人。他们不会相信你的报价条款，因为你在上一笔交易的最后一刻修改了交易。在并购行业中，个人的信誉和信任是长期有效的关键所在。你今天因不诚实而获取的利益，明天会带给你成倍的损失。

5. 时刻关注交易对方

让我们回到之前的例子。我不得不告诉银行家我们不能再把价格提高 1 000 万美元，但我们仍然想要这笔交易。我想办法与之联络，让他明白我的意思。我解释说，我完全明白为何价格会高出 1 000 万美元，而这是他的合理要求。然而，尽管他有其自身的考量，但我无法说服董事会或老板提高出价。

虽然这可能看起来有点软弱，但确实起到了一定的作用。它帮助你的谈判伙伴挽回面子。你拒绝，但也同意他的立场。另一种做法是，我可以情绪化地说，"我们永远不可能提高价格,你是疯了才会这么问!"这能带来同样的结果,但这不仅会伤害银行家的自尊,也将对我们在未来交易中开展业务造成很大的损害。没有人想在谈判中感到尴尬,尤其是在对方实际是在虚张声势的情况下。报以合作的态度,但仍然坚守价格,结果令双方都更满意。

6. 切莫自大

情绪化和自负经常会妨碍良好的谈判,当你和桌子对面的对手交涉时,你将容易失去判断力。最优秀、经验丰富的谈判者很少表现出任何情感。为什么要让对方知道你对某一点感到不安?为什么要透露这一点对你如此重要?相反,更好的方法是保持冷静和理性,但仍然要表明你的立场。这还会有一点好处,就是当你在失去耐心的时候,能突出交易要点,不会让别人把要点当成小事。

你必须永远记住,围绕并购展开的谈判并不是一场个人竞赛。相反,谈判是一个在关键点上买卖双方公平让步的过程,而那些关键问题对于谈判是非常重要的。我参与过的一些最佳谈判,是让对方觉得他们赢得了竞争对手之间的一场个人斗争。我努力不自大,放下好胜心,专注于大局,而不是感情用事。这特别有效,让我和对方能达成合理共识。

7. 寻求多方共赢

在很多情况下,对你来说重要的事情对另一方可能并不重要,反之亦然。这对达成最有效的谈判十分有利,因为利益之间能不断权衡。最艰难的谈判是双方都非常重视同一问题,这使得交涉变得非常困难,因为双方都不愿意放弃。

我曾参与一家为房地产融资的企业收购。卖方并不拥有任何房地产,它只是房地产贷款人,房地产所有权在他人手上。但当我们开始对公司的资产负债表进行尽职调查时,注意到了一些不寻常的事情。报表上只有一项资产被列为该公司所有,那就是公司总部旁边的一间公寓。持有房地产并不属于我们收购标的公司战略的一部分。此外,每当谈到这个话题,对方就变得焦躁不安,并请求我们把购买这套公寓作为交易的一部分。

但我已经学会了谈判,没有立即做出回应,而是一直拖延这个问题。随着交易的继续,另一方越来越担心公司公寓的出售。此时,我意识到这部分对卖方极为重要,但对我而言是不重要的。在一笔以亿美元计价的交易中,购买一套公寓根本算不了什么。然而,我足够聪明,意识到可以利用它来做一些对我来说很重要的事情。

在本例中,我能够购买下这套公寓,以换取卖方提供给我一个无限制环境保护的保证。这对我和我的公司都有巨大的价值,我以 25 万美元的价格购买了一套公寓,以换取对公司潜在数百万美元环境风险的担保。这便是优秀谈判的本质——在与各方利益相关的不同问题上进行交易,当有相当多的对一方重要而对另一方不重要的问题时,合理谈判就变得比较容易。

顺便提一下,你可能想知道为什么这套公寓对卖方如此重要。事实证明,我们收购目标公司的首席执行官使用这套公寓的费用是由公司承担的,但没有得到公司行政上的任何许可。多年来,他一直在免费使用这套公寓,但他却隐瞒了这一事实。如果这套公寓没有随公司一起出售,那么所有人都会知道——这位首席执行官做错了什么!从他的角度来看,出售这套公寓至关重要,但从我们的角度来看,这真没那么重要!这是一个很好的例子,表明双方都能在某一问题上实现共赢。

8. 了解并运用你的优势

几年前,我和妻子艾米决定搬到家拐角处的一栋中等大小的房子里。我对此比较中立,因为我喜欢现在住的房子,但艾米非常喜爱那所新房子,而且表示"不得不拥有它"。不幸的是,我们都同意这所房子售价比它的实际价值高出10%左右,而且刚刚才挂牌出售,卖方在得到市场反馈前不太可能谈判价格。

我们和卖方的房产经纪人安排了一次参观房子的活动。当经纪人带领我们穿过房子时,艾米不停地评论她是多么喜欢草坪、卧室、客厅的空间、后院的游泳池等。艾米继续评价,而房主中介脸上的笑容变得越来越大。当我们上楼看到情侣式嵌入衣橱时,艾米说:"鲍勃,如果你不给我买这套房子,我就和你离婚!"虽然我认为她不是认真的,但这句话对卖方经纪人的地位产生了巨大影响。购房的筹码立即从我们转移到了卖方中介手中,她意识到艾米愿意不惜任何代价买下这套房子。

我们违反了谈判的基本规则之一。如果对方相信你可能会放弃这笔交易,他们将继续全面努力谈判争取。如果他们知道你已经决定购买,他们为什么要让步呢?在本例中,卖方现在掌握了所有主动权。

但有时你可以在谈判中创造自己的筹码。我故意等了好几天,直到中介打电话来,征求我们的反馈意见。我夸大了一点,说艾米把买房子的决定权留给了我。我告诉经纪人,虽然我们确实喜欢她的房子,但市场上还有其他几栋几乎一样好的房子,但价格却要低得多。我当时想做什么?我在试图说服卖方,我们不会以一个过分低的价格与她进一步交易,而且还有其他选择。在参观房屋后,我不能令人信服地说,我们不爱他们的房子但想要买下它。另外,我确信市场上还有能满足要求的其他房产。

9. 不要认定他人是理智的

正如上面卖方出售公司公寓的案例中所见,人们的反应并不总是理性的,可能会存在个人偏见，或者对他们来说极其重要的事情对你而言毫无意义。在许多情况下，你也不知道卖方的立场。他们真的需要出售吗？还有其他竞购者在参与吗？出售的窗口期有多长？卖方对个别问题的反应很大程度上会受到这些难以揭示的主观因素的影响。

在跨境交易中，理解对方的动机变得更加困难。尽管需要谨慎地概括，但其实美国人在谈判中确实更加激进和外向。而来自亚洲的一些更安静、更有思想的谈判者，却是我所遇到的与之谈判最为艰难的对象。他们的沉静和深沉的思想，使你很难确定什么对他们来说是最重要的。你不能假设他们看待和处理问题的方式与你本国的人完全一样。能够适应对方的风格，对有效的谈判来说，绝对是至关重要的。

10. 充分准备

我总是因为许多人两手空空、毫无准备地参加价值数百万美元的谈判而感到惊讶。为了追求最有效的谈判，你应该准备一张写满觉得对自己最重要的条款（即你必须争取到的条款）的清单。在此之外，你还需要准备另一个清单，列清另外一些你也很想争取到、但如果必须的话也可以放弃的条款。第三个清单中，你应该写下觉得对方可能极为重视的同时你又觉得不是特别重要的点（即"谈判诱饵"清单）。一旦你开始谈判并能观察到对方的取舍偏好，就可以决定如何利用好每一张清单。

正如之前所说，最难的谈判往往是因为谈判双方拥有共同想争取的利益和条款，这会让一个双边谈判变得非常艰难。其实，谈判的双方应该在一些他们不太愿意做出让步的地方适当让步，以求谈判结束。如果双方最优先追求的利益和条款没有太大的重叠，谈判将会高效得多，双方会更加轻松愉快。

尽管每笔交易都是不同的，但我发现，在所遇到的几乎每一次并购谈判中，收购价格对双方都是一个至关重要的因素。这使得谈判前做好充足的准备变得更加重要。你需要充分利用所有愿意放弃争取的"非收购价格"因素，以争取价值最大化。例如，收购标的所处的行业是否容易对环境造成影响？如果不是，或许可以尝试放宽卖方的环境补偿条款，而作为交换，对方可以将收购价格降低5%。只有准备充分，了解自身需求以及预测交易对手的诉求，才能使谈判变得更为有效。

第 9 章　创造历史

> 不要把名气和成功混为一谈。麦当娜是其中之一,海伦·凯勒是另一个。
>
> ——艾玛·勃姆柏克①

2010年11月15日,卡特彼勒(Caterpillar)宣布计划收购威斯康星州的布塞勒斯(Bucyrus)国际公司。布塞勒斯是一家有着131年历史、专门生产采矿设备的公司。布塞勒斯最大的铲车容量可以装下三个卡特彼勒生产的最大铲子,还可以装下72万磅重的石头。在这场交易前,卡特彼勒的销售设备占矿山运营商所需设备总量的30%,但收购了布塞勒斯,卡特彼勒的销售设备占比可以达到70%。投资者往往不喜欢大型收购,担心收购方的出价过高。但在这种情况下,卡特彼勒的股价在交易宣布后立即上涨,表明股东们一致认为,收购布塞勒斯是个好买卖。

这本书写到这里,我们回顾了许多以灾难告终的并购。希望读者能吸取教训,避免在并购中出现灾难的重复。但是卡特彼勒和布塞勒斯的这笔交易有什么不同之处呢?为什么能奏效?寻找答案需要对这笔交易进行更深入的分析,包括管理层动机、应用分析和公司整合的技术。

背景

2011年4月,卡特彼勒宣布第一季度的利润超过了华尔街的预期,其股价被推升达到历史最高水平,比之前的最高价还要高出30%,全年利润比创纪录的2008年还超出了10%。卡特彼勒经销商对富国银行首席执行官安德鲁·凯西表示:"需求非常

---

① 艾玛·勃姆柏克(Erma Bombeck),是美国著名的报纸专栏作家,以与癌症等疾病斗争精神影响了美国民众三十多年。——译者注

强劲,卡特彼勒可以销售其生产的任何产品。"看起来这家公司没有做错什么。

金融危机和经济衰退严重影响了全球几乎所有的公司。显然,经济衰退也对卡特彼勒造成了打击,但它们比大多数公司都更好地经受住了这场风暴。这是因为,卡特彼勒在经济衰退发生之前很早就做好了准备。当大多数竞争对手开始制定应对危机的对策时,卡特彼勒早已开始实施应急计划。

要理解为何卡特彼勒能够对经济衰退立即做出反应,我们需要了解该公司业务的周期性。使用寿命达十几年的卡特彼勒的设备是十分昂贵的,所以,你可能认为销售额总是与整体GDP增长密切相关。但实际上,卡特彼勒的销售额波动很大。当经济形势好的时候,顾客们总能筹集到钱购买崭新、先进的推土机。但当企业预算吃紧时,卡特彼勒机器长达数十年的寿命实际上损害了公司的经济利益。在经济低迷时期,顾客很容易就会推迟购买新的挖掘机,因为如果设备维护得当,它们可以继续使用。此外,许多现金拮据的顾客会在市场上大量购买旧机器,这些设备可以继续使用。当经济增速放缓时,两种因素共同抑制了新设备的销售。

考虑到销售的历史波动,卡特彼勒做了两件事以防范经济下滑带来的影响。首先,即使在经济景气时期,该公司也进行未雨绸缪。每个部门的经理们都被迫模拟最糟糕的业绩谷底。卡特彼勒的首席执行官道格·奥伯海姆(Doug Oberhelman)说:"假设你在经营一家矿业公司,两年内销售额下降了80%,你将如何赚钱?可以想象2005年这多么不合时宜。没有人愿意谈论这件事,但我们强迫矿业企业通过预演去想象。"

其次,管理层要求对经济进行前瞻性的观察,捕捉到GDP变化对公司的影响程度。为了实现这一目标,管理层曾要求卡特彼勒的经济学家找到预测美国GDP变化的先行指标。先行指标后来被发现是公司销售额和用户数量比。卡特彼勒公开表示预计美国经济将在2007年第三季度陷入衰退,进而触发标普500指数一天之内下跌了2.6%。

预测衰退的能力(尽管不是衰退的程度!)、应急计划的实施,以及详尽的长期战略,使得卡特彼勒在整个衰退期间的表现超过了其他同行。到了2010年,该公司拥有足够的资源,不仅能安然度过经济衰退,还能花86亿美元收购布塞勒斯国际公司。通过详细地分析卡特彼勒收购布塞勒斯的交易,了解管理层如何抓住机会做一笔好买卖、对比经常发生并购失败的案例,我们可以学到一些关键的经验。

具备战略眼光

卡特彼勒对财务状况深思熟虑:如果经济陷入低迷,它们的业务将受到怎样的影响。他们花了很多时间来考虑可以购买的公司和行业的类型,而不只是追求迅速达成交易。管理层高瞻远瞩地通过深入分析挖掘,寻找符合设定特征的公司,然后寻找在此领域中的目标公司。卡特彼勒无视那些不符合他们行业战略或重点地理区域要求的公司。如果计划实施得当,并购结果必然是好的。

有些公司陷入了过于乐观的陷阱,只追求所看到的、随时可得的机会。这被称作是一种"机会主义"的并购方式。信奉这种方法的管理团队认为这样的方法更有效。为什么还要去看那些甚至可能不会出售的公司呢?通过只专注于能被购买的企业,一个公司花在并购交易上的各种资源可以被最有效地利用。尽管"机会主义"和"战略方法"都能产生好的结果,但有证据表明,具备战略思维的交易往往比纯粹的机会主义交易更成功。

在职业生涯的早期,我在一家财富 500 强公司工作,公司在北美各地提供安全服务。有一个机会出现了:购买一家位于瑞典的小型企业。我被派去完成对该公司的尽职调查、评估机会,并决定是否应该购买。就像在许多交易中发生的那样,交易带来了某种程度的兴奋。公司的很多人都希望能达成交易,我当然也是这么想的。我开始了尽职调查,更好的是,这是一笔有趣的海外交易。

不幸的是,这种热情扭曲了我的判断。目标企业是一家拥有一支强大管理团队和良好本地信誉的公司。为了更好地了解其业务和团队,我在瑞典待了一个星期。这笔交易肯定有积极的一面,但该公司的客户基础和预期收入方面存在几个严重的缺陷问题。它的产品越来越没有竞争力,几个大客户最近离开了,销售利润率也受到了压力。

当登上返回纽约的飞机时,我试图说服自己,尽管存在这些问题,我们应该继续进行这笔交易。我刚刚花了大量的时间和金钱去考察这个令人兴奋的新项目。"如果不带着这笔交易回去,我会被视为失败吗?"当然,还有一些合理的理由来推进这项交易:这是一项唾手可得的交易,可以帮助把公司业务版图扩展到欧洲;价钱也公道,我们处在一个有利的地位去赢得它。

回到办公室时,老板让我概述收购这家瑞典企业的战略理由。我试图以管理团队的质量、品牌、历史财务业绩等为依据进行案例分析。但他问的是另一个问题:把这笔交易放在我们公司的总体战略目标背景下去考虑,而不应认为这是一个好的机会主义游戏。我们公司在瑞典的利与弊是什么?我们公司想要全球化,而不是专注于目前的北美业务吗?是否调查了瑞典的其他可买公司,他们可能会出售吗?当回来的时候,我不仅应该知道答案,这些基本的问题应该在我去瑞典做尽职调查之前,就得到答案。

与卡特彼勒的案例相比,卡特彼勒管理层对经济及其战略采取了更长远的眼光。他们把重点放在聚焦的行业和核心竞争力上,以便在更困难的经济衰退来临时,富有竞争力。他们为公司制定了长期战略,并利用战略收购来实现这一目标。当一个特定的收购机会出现时,管理层准备采取行动,因为他们已经做好了准备。他们并不会对随机而来的每一次机会主义收购做出反应。

任何收购都有一定的机会主义。显然,你只能购买能买得到的东西,即使没有战略上的理由,你也很有可能去追求一个可以增加短期财务收益的目标公司。你很容易在一笔交易中大肆炒作,从而失去洞察力。然而,自上而下有纪律的方法将帮助你更好地筛选机会,并使并购团队只专注于那些不仅能增加财务利益而且能帮助公司实现战略和长期价值的收购。

保持一个合理的组织结构

卡特彼勒就是一个很好的例子,它围绕着一笔交易建立了一个合理的组织结构,以最大限度地增加其成功的机会[①]。在整个交易过程中,卡特彼勒集团总裁史蒂夫·温宁一直负责公司的全球矿业业务,也包括刚加入的布塞勒斯国际公司。换句话说,他对这项交易全权负责。在这个层级下,该业务被分成三个部门,由卡特彼勒和布塞勒斯国际公司混合经营,高管直接向史蒂夫·温宁汇报:

(1)卡特彼勒的戴夫·博兹曼领导集成制造业务部门,其中包括卡特彼勒矿业设备的全球制造业务。该部门在亚洲、澳大利亚、欧洲和北美都有生产线。

(2)卡特彼勒的克里斯·克夫曼领导着矿业设备销售部门,负责维护和加强客户关系,制定全球营销战略,确保未来的增长机会。

(3)布塞勒斯的前首席运营官路易斯·德列昂(Luis de Leon)被卡特彼勒董事会

---

① 卡特彼勒新闻,《卡特彼勒完成对布塞勒斯收购》,2001年,http://www.prnewswire.com/news-releases/caterpillar-completes-acquisition-of-bucyrus-creating-mining-equipment-group-with-unmatched-product-range-and-unrivaled-customer-support-125214769.html。

选为新矿业产品部门的负责人。该部门负责整个采矿设备战略开发、产品设计和产品采购。

在收购后，收购方和被收购方的员工团结一致，确保双方需求的声音都能被听到。收购可能会带来压力，被收购方的管理人员可以在高层管理中发挥非常重要的作用，帮助被收购方的员工融入新的东家。与此同时，收购方应在新公司中保持大部分管理角色，这代表了他们的所有权和需要为经营公司的最终结果负责。收购方需要从目标公司管理层获得反馈，被收购方的管理层必须承担联席运营的责任。收购方在与被收购方管理团队合作的同时，需要能够控制新实体。在依赖目标方原管理层和控制新实体之间找到正确的平衡，这是成功收购的关键。

对于收购方来说，拥有一个由经验丰富的交易撮合者组成的小型核心团队是很有帮助的。这些人了解交易过程，能够制定一个详细的过渡期计划。拿比较简单的事情来说，比如让买卖双方的会计系统互相识别，这一点比让双方的人相互协调一致，要容易得多。这个并购交易的核心团队了解并购整合的参与者，在各自领域都有关系网，从业务板块、IT系统、人力资源、销售职能和外部资源，必要的时候也可引入税收和法律方面的专家。

正确的交易结构

卡特彼勒通过"股权并购"的交易形式收购了布塞勒斯。在这场股权购买交易中，卡特彼勒实际上购买了布塞勒斯所有的流通股，获得了100%的控制权。另一种购买方式可能是"资产收购"。在资产收购中，收购方对目标公司的资产享有所有权。他们通过购买特定的资产而不是购买发行的股票来实现对目标方的控制。

股权收购对卡特彼勒的好处如下：

- 大多数客户合同将移交给收购方，不需要重新协商，除非其中包含"控制权变更"条款。若存在"控制权变更"条款，意味着供应商、客户和其他第三方如果不想与合并后的新实体继续往来交易，则对他们形成保护。例如，一个大客户可以取消一份长期购买设备的订单，因为他们在合并前与布塞勒斯签订了合同（并写有"控制权变更条款"），而卡特彼勒现在是交易对手。合同的内容可以为任何收购方提供实质的抉择信息，必须作为尽职调查过程的一部分。

- 转让不需要缴税。因为目标公司的资产没有冠以收购方的名字，收购方通过拥有股权从而自动地继承了目标企业的资产。这种情况在航空业中比较常见,航空公司通常会合并或者以股票交易的方式购买飞机机队。如果不是这样,一项资产交易将要求买方暂停经营一段时间,以改变公司名称、注册事项、资产标识等。这种不便带来的成本,可以通过设计一个合理的股票交易结构来避免。

● 许多目标公司都能结转净经营损失(net operating loss),这有助于减少未来缴纳的税收。在股票交易中,净经营损失可以被保留,并抵消收购方在交易结束后产生的收入。

股权收购的缺点如下:

● 收购方需要就收购资产的入账价值和纳税基础价值之间的差额部分纳税,虽然收购方通过支付股票避免了股权转让税收。对于经营时间较长的公司而言,这可能会给被收购方造成实质性的税收负担。

● 如果没有变更控制权,劳资关系和工会组织将自动转移给收购方。虽然这可能被视为一个积极的因素,但是在收购完成后,若想降低运营成本,确实会变得困难和昂贵。

● 收购后,目标企业的税基较低,能够抵税的折旧额较少。

认识到品牌的重要性

未来的趋势是在许多并购交易中,收购方会重塑新公司的品牌,改变公司的标志、运营策略等,目的是为了使目标企业在交易结束后能够和收购方保持一致。然而,当这笔交易宣布时,布塞勒斯强烈地认为他们应该保留自己的公司品牌。卡特彼勒决定在一段时间内保留布塞勒斯品牌①,并逐步为所有生产设备打上卡特彼勒的品牌。要达成任何交易,关键是要在对目标公司的合理敏感性和收购公司对变革的迫切愿望之间,找到平衡。

另一个例子是联想在 2005 年收购了 IBM 的个人电脑部门以及 Thinkpad 品牌。谈到收购 IBM 的个人电脑部门,联想创始人柳传志说道:

> 我们从 IBM 收购中通过三种方式获益:获取了 ThinkPad 品牌、IBM 更为先进的个人电脑制造技术以及公司的国际资源,如全

---

① http://www.bizjounrals.com. 2010.

球销售渠道和运营团队。这三个因素支撑了我们过去几年的销售。①

IBM花了数年时间建立起了Think pad品牌的声誉和品牌价值。随着市场营销和产品开发的有效开展,联想自身也开始建立自己的品牌。收购后运作得非常好,尽管联想在收购中获得了使用IBM品牌5年的运营权,但他们只使用了3年。2007年12月,联想举办了一场名为"联想自豪日"的活动。在管理层的鼓励下,员工们隆重地将IBM的标识从他们的笔记本上剥离出来,换上了联想Lenovo的标志。这是一个很好的例子,说明随着时间的推移,被收购公司的品牌价值以一种合乎逻辑的方式转移给了收购方。

高效率的分配

精心考虑各方的供应链和分销渠道的结合,这是任何两家公司合并的核心部分之一。在这种情况下,卡特彼勒品牌的实力及其市场份额在很大程度上依赖于其销售CAT设备的经销商网络。经销商还提供大部分售后支持,如设备保养、零部件、维修等。然而,布塞勒斯的经营是一种直销模式,也就是说,客户直接从制造商那里订购设备,中间没有经销商赚差价。收购之后,卡特彼勒逐步取消了直接销售模式,开始通过卡特彼勒现有的经销商网络销售采矿设备。这种方法要求公司亟待解决两个问题:

首先,正如前面所讨论的,布塞勒斯的设备平均比卡特彼勒的设备要大得多,也要贵得多,它的销量也较低。这意味着经销商可能需要在资产负债表上持有更大规模的库存、扩大设备规模、更耐心地等待他们的库存转化为收入。其次,与经销商使用标准化的卡特彼勒设备相比,布塞勒斯设备需要在更大程度上采取定制模式,这大大增加了经销商经营活动的复杂度和成本。

但卡特彼勒正视问题的出现,并通过以下方式加以解决:

● 工厂支持。工程师直接与客户对接,为更复杂的设备提供支持。

● 经销商。对经销商培训使其更加深入地参与到整个销售过程中,包括从设备销售到设备维护等售后支持工作,客户感受到"积极的终端到终端的客户体验"。

● 技术人员和现场工作人员。这些关键人员以前受布塞勒斯雇用,现在由设备经

---

① 蒂夫·哈姆.追逐卓越:探索终极便携式计算机[M].纽约:麦格雷-希尔出版公司,2008.

销商雇用,帮助布塞勒斯更有效率地嫁接到卡特彼勒的分销制度上。[①] 这种安排是有道理的,因为采矿设备需要大量的替换零件和售后支持。将部分劳动力转移到经销商,还提供了减少直接劳工成本的好处。

在交易完成前考虑到如何进行并购后整合,是任何成功收购的关键因素。实际上,卡特彼勒在如何协调与新公司的分销能力方面考虑得非常周全。对于交易结束后的组织方式,发表一份及时、强有力、明确的声明是至关重要的。在任何收购中,人们尤其是目标公司员工都很自然地会对自己的职业生涯感到紧张。走在最前面、公布清晰的整合计划并信守诺言,这些会使一切都变得迥然不同。

企业文化融合

理解和管理两个实体的文化,并且使其相互融合是决定并购成败至关重要的元素。在这笔交易中,布塞勒斯高管与卡特彼勒管理团队的团结,是有效融合双方文化的重要一步。第五章中对企业文化如何影响并购进行了广泛的回顾,这是一个良好实践了企业文化整合的例子。卡特彼勒深思熟虑地认识到,双方都将经历艰难的过渡期,这是该交易短期成功和最终胜利的关键。

拥有令人尊敬的、能驾驭公司整合工作的思想领袖,会极大地缓解员工对于裁员、战略变化、工厂关闭及任何并购活动中出现其他问题带来的本能的恐惧。双方均尊敬的高层领导人表现出团结和能力,将潜移默化地帮助公司度过艰难的融合时期。

提前准备资金

卡特彼勒花了大量时间考虑如何在交易前为这笔并购融资。最后,摩根大通银行在非常严格的条款下为这笔交易提供了融资保证,这使得卡特彼勒的报价更具竞争力,因此它不再受融资安排的约束,在关键的交易后期少了一桩担心事。此外,有理由说,卡特彼勒能够以较低的收购价格进行谈判并提前获得批准,前提条件是其在交易被批准后有能力完成融资安排并进行支付。通过向被收购方提供了更多确定性,卡特

---

① 卡特彼勒,"2011年第二季度卡业绩报告及收购布塞勒斯电话会议"(2011-7-22),终稿。

彼勒能够在谈判交易时即确定可以通过负债杠杆进行支付,而不必证明日后才能支付交易对价。

建立适当的并购审批流程

收购意识强的公司在进行收购竞争时,应该有一种快速、基于事实的决策方式。建立一个独立的并购委员会控制和掌舵整个流程,并在交易过程的不同阶段做出是否继续前进的决定,这对于及早甄别不良交易非常有帮助。让一笔糟糕的交易一路执行下去,显然会产生可怕的后果。然而,将资源浪费在一笔永远无法完成的交易上几乎同样糟糕。并购委员会在及早终止不良交易、并将尽职调查资源转向有机会完成的其他交易方面,非常有用。对公司的稀缺资源负责,这对公司的效率和文化有巨大的好处。

大型企业并购团队可以通过流程化的步骤更快地完成交易,但有时会过于专注寻找下一笔大交易,以致与不同业务部门的战略失去了清晰的联系。受收购影响的业务经理从一开始就应该参与到这个过程中来,才能形成对收购后的公司如何运营的看法。

较少发起收购的公司可能会使用更精简、更项目化驱动的方法,采用更少固定形式化的程序。通常他们会放弃采用并购委员会,转而采用标准的投资决策流程,这很有效,甚至可以加速决策制定,只要交易规模很小或者管理层可以在业务单元级别上解决它们。例如,一家欧洲消费品公司,处理所有的并购决策与处理其他资本投资决策一样。这确保了每一笔交易都在一致的基础上得到仔细和审慎的评估,因为所有投资决策都必须争夺一样稀缺的资源。

经常与适时整合

在最终的交易被批准前,大多数领导团队都需要正式的整合计划,但是他们常常不能在交易制定过程到目标企业的最终整合之间,提供任何明确的联系。这种脱节可能会削弱收购战略和运营优势。所有公司,无论其并购方式如何,从尽职调查开始一直到整合工作的最后阶段,都应该指定一位主管以及一位负责集中领导的整合经理。

尽早进行关于整合的强制性讨论,对于避免之后发生的意外事项是至关重要的。负责完成交易的交易团队和负责接管公司的整合团队之间,需要有一个平稳的交接。整合团队参与得越早越好,他们应了解目标公司的管理层,了解交易的问题,并且在这种背景下更好地管理整合。

明确的法律和监管程序

布塞勒斯的交易没有受到美国监管机构的严格审查,因为合并后的实体不会构成垄断的威胁。监管机构认为布塞勒斯的产品将补充和增加卡特彼勒在采矿业的产品供应。卡特彼勒董事长兼首席执行官道格·奥伯海姆对此举表示欢迎。奥伯海姆称,卡特彼勒对这一结果"非常满意"。他接受采访时说:"自从去年11月我们宣布收购布塞勒斯的计划以来,不断收到客户的来信,说我们矿业设备产品范围的互补式扩张是他们一直在寻找的。"[①]

但许多收购尤其是那些更敏感行业的收购,可能会因为等待监管部门批准而被推迟数月。对于希望在电信、高新技术、国防、基础设施和经典老品牌等拥有重要国内市场地位的行业中进行收购的海外买家,各国政府正变得越来越敏感。无论是出于对国家安全的担忧,还是提防有价值的国内品牌被外国公司买走,监管力度都在不断加大。收购方需要仔细地考虑这一点,并在决定购买之前制定一种获得政府监管机构批准的方法,以避免不必要地分散对核心业务的注意力。

不要高价购买

在收购中买方管理团队要想保护自己的公司,最重要的事情就是严格控制出价。通常情况下,交易团队会陷入交易的炒作之中。他们已经花了几个月的时间分析收购目标,花了大量资金进行尽职调查,并经常提前向投资者宣布收购交易。因此即使他们知道自己出价过高,也会承受巨大的压力尽可能地完成交易。所以,必须支付目标

[①] 盖普合伙企业(全球著名的谈判机构),"销售谈判可能对资金来源有所帮助",2010,http://egap.thegappartnership.com/negotiation-news/2011/january/sales-negotiation-training-may-aid-capitalsource.aspx.

公司以合理价位,这是关键的一条原则。否则的话,无论目标公司在收购后运营得多好,都很难实质性地弥补过高的支付对价。

可能有人会质疑卡特彼勒是否为此次收购支付了过高的价格?积极的一面是,收购布塞勒斯的资金来自资产负债表上的现金和银行提供的贷款。当时,没有发行新股稀释卡特彼勒的股权。换句话说,卡特彼勒每一股股票在交易前和交易后拥有相同比例的公司所有权。不需要寻找新的股东,也不需要现有股东拿出资金来完成交易,所有这些都是正面的。

另一方面,可能有人会认为卡特彼勒没有严格约束交易对价。74亿美元的收购价格,比收购时布塞勒斯股票的市值高出32%。交易结束时,卡特彼勒计提了35亿美元的商誉,这笔卡特彼勒额外支付的金额竟超过了布塞勒斯资产的账面价值。考虑到当时大宗商品价格创下历史新高,以及对发展中国家经济体对原材料的需求持乐观态度,这个高出价是有道理的。但是当发展中国家经济体增速放缓时,大宗商品价格暴跌。事实上,到2016年第三季度,分析师们开始要求对布塞勒斯的商誉计提减值,这反映了大宗商品价格下跌的因素,也反映出卡特彼勒对收购资产的超额支付存在着争议。

持续学习

通过正式形式的教育去学习过往的交易案例,比如举办交易后或后期整合的研讨会、学习最新的并购交易书籍,比单纯地参与并购过程更为重要。实际上,无论是从定性指标还是从净资产收益率回报来看,拥有正式的交易后学习和后期整合学习计划的公司,绩效都好于不进行正式学习的公司。然而,很少有公司有正式的学习机制。

项目导向型的组织可能会在收购过程的每个步骤之后,都举办研讨会进行复盘,以便团队在并购过程中将流程记录下来并研究观察,使得在交易的每个过程中都得到某种程度的连续性。问责制是另一个关键方面。例如,通用电气(GE)遵循了一种做法,即提交给董事会由其审批决定重大交易事项的财务预测,往往一年后要进行复核。交易团队和运营管理人员被要求解释预计的与实际的数字的所有实质性重大差异,这有助于确保交易团队:(1)提供一个可靠的财务评估结果给董事会,因为他们清楚最后将为结果负责;(2)识别预测的工作做得好还是不好,这些经验可以应用到未来的交易中去。

案例学习：摩根大通收购贝尔斯登

2007年12月，贝尔斯登的问题越来越严重。信贷市场紧缩的主要原因是投资银行对次级抵押贷款的敞口。价格不断上涨的住房市场，促使抵押贷款机构在向次级借款人提供贷款方面变得越来越激进。贝尔斯登是与这些抵押贷款相关复杂投资产品的最主要承销商之一。当房地产泡沫破灭时，这些证券的价值在一夜之间发生暴跌。

贝尔斯登的问题始于2007年初，当时有关其高风险融资利差的消息在市场上传开，股价开始下跌。到2007年7月，由于投资于次级抵押贷款的两家对冲基金被清盘，投资者要求收回在贝尔斯登上的投资资金。2007年12月，贝尔斯登宣布80年来首次亏损，原因是其抵押贷款支持证券计提了减值损失19亿美元。

2008年3月，有关贝尔斯登出现财务问题的谣言在市场上流传，客户开始撤资。到3月10日，贝尔斯登遭遇了流动性危机。贝尔斯登的银行交易对手拒绝向它们提供额外资金，并要求贝尔斯登立即偿还债务。到3月14日的周五交易结束时，贝尔斯登即将倒闭。投资者要求拿回他们的钱，但贝尔斯登没有钱。由于贝尔斯登与许多其他金融公司相关联，它的倒闭不仅威胁到投资银行圈子，还将威胁到整个金融市场。政府不得不采取措施，防止"金融海啸"降临美国，进而席卷世界经济。

美国财政部部长保尔森表示，监管机构的工作是着手拯救资本市场于动荡时期，换句话说，就是贝尔斯登目前所面临的情况。[①] 但美联储不希望贝尔斯登的资产被贱卖，因为这会进一步打压市场，所以他们决定介入。摩根大通被要求立即为贝尔斯登提供至多28天的融资，并被告知将会得到美国政府对这笔贷款的全力支持。即便如此，贝尔斯登的股价从前一天的每股57美元收盘价跌至30美元，一天之内跌幅接近50%。

为了防止贝尔斯登彻底垮台，周末还需要做更多的事情。私募股权公司曾被引入接盘。然而，最后唯一出现并得到美联储支持的可信任竞标者是摩根大通。贝尔斯登必须为可能出现的两种情况做好准备：(1)在周一上午之前出售给摩根大通；(2)立即申请破产保护。这家成立了80多年的投资银行无论如何都将不再是一家独立的金融机构。

---

① 财政部长亨利·保尔森，"在美国商会上发表的关于当前金融和住房市场的发言"，2008年3月26日。

3月17日的周一上午,摩根大通宣布,在美国政府的特别支持下,将以每股2美元的价格收购贝尔斯登。摩根大通的首席执行官杰米·戴蒙[①]声称,他们没有足够的时间在周五晚间至周一上午进行尽职调查,因此贝尔斯登账目中存在可能遗漏的问题,摩根大通需要一些保护。因此,摩根大通说服美国政府为周一购买的任何不良资产提供高达300亿美元的担保,即万一最终证明这些资产是无法收回的,将由政府兜底。

贝尔斯登的股东们非常愤怒。当然原因是这家受人尊敬的公司股价下跌到才每股2美元多一点,这一价格与上周五晚的30美元收盘价相比有93%的差距。更糟糕的是,2007年年中,该公司股价一度曾高达每股150美元。意料之中,紧接着多起针对贝尔斯登与摩根大通合并的诉讼被提起,理由是贝尔斯登董事会接受了每股2美元的出价,完全没有保护股东的权利。

2008年3月24日,摩根大通为应对公众的强烈反对,修改了并购协议,将对目标企业的每股价格上调至10美元,总价达12亿美元。尽管仍远低于近期的股价高点,但这似乎确实让股东感到些许安慰。

那么,杰米·戴蒙和摩根大通在这笔交易中做了哪些正确的事情呢?首先,他们没有急于达成一项不愿承诺的协议。摩根大通意识到,从上周五晚上到周一早上,无法完成对一家价值数十亿美元全球公司的尽职调查。摩根大通要求政府提供担保,以防范在简短的尽职调查过程中遗漏问题,而当他们未能如愿以偿时,则拒绝介入交易。

其次,摩根大通得到了很好的买价。他们没有迫于压力,对不良资产出价过高。事实上,摩根大通以每股2美元的价格得到了一笔好交易,后来则同意提高价格,尽管他们没有法律义务这么做。当然,摩根大通同意提高这一价格与公众的强烈要求有关。但以每股10美元的价格,这笔交易仍迫在眉睫。比起承受公众强烈反对其"盗取"公司的压力,摩根大通同意了一项对贝尔斯登股东有利的收购要约,避免了承受公众强烈的反对其"盗取"公司的压力,同时仍在交易中为自己获取了丰厚回报。

杰米·戴蒙表示:"我们认为,修改后的条款对各方都是公平的,反映了贝尔斯登的价值和风险,并为我们各自的股东、客户和市场带来了更多确定性。我们期待着迅速达成交易,并能够融合成为一个整体运作的公司。"

贝尔斯登总裁兼首席执行官艾伦·施瓦茨发表了以下声明:

[①] 杰米·戴蒙,1956年生,哈佛大学MBA毕业生。华尔街传奇金融天才,摩根大通前首席执行官,有"世上最令人敬畏的银行家"之称。——译者注

"我们的董事会认为,修订后的条款为我们的股东(其中许多人是贝尔斯登的员工)提供了更大的价值,并加大了我们对客户、交易对手和贷款人的支付范围和确定性。向摩根大通大量发行股票是获得一整套经过修订条款的必要条件,而这些条款对维持贝尔斯登的财务稳定至关重要。过去一周对贝尔斯登来说是一段难以置信的艰难时期。这笔交易是目前处境的最佳出路。"

贝尔斯登以从未被视为华尔街的"白鞋"公司[①]而自豪,而且经常在行业边缘经营。纵观80年的历史,施瓦茨和他的管理团队要将控制权移交给商业银行肯定是非常困难的,这表明了贝尔斯登及其董事会在那个周末面临的绝望处境。

杰米·戴蒙和他的团队知道,可以全部借债完成交易。达成的这项并购协议大幅推高了摩根大通的股价,而且看起来仍像是"白衣骑士",同时避免了对整个美国经济可能造成的灾难性后果。摩根大通迅速与贝尔斯登的员工直接整合业务,立即控制了贝尔斯登在纽约麦迪逊大道高耸入云的总部大楼,并且同意偿付银行债权人的款项,再之后迅速而高效地将贝尔斯登更名为摩根大通。在这次收购之后,谁将主宰着这个舞台,已经毫无疑问了。

仅仅12个月后,合并后的公司看起来就大不相同了[②]:

● 截至2008年3月,贝尔斯登有1.4万名员工。到2009年3月,只有5 000人留在摩根大通。

● 贝尔斯登私人客户部是为数不多的几家保留其名称的公司之一,该公司从事证券经纪和交易业务。

● 1985年至2001年的贝尔斯登前首席执行官、董事会主席艾伦·埃斯·格林伯格被迫在摩根大通担任贝尔斯登零售业务副总裁。

● 贝尔斯登在前总部的所有标牌都被立即撤下,换成了摩根大通的标牌。

● 截然不同的摩根大通文化取代了贝尔斯登的公司文化。贝尔斯登的员工习惯了自由随意的工作环境,他们常常拒绝摩根大通更为正式的工作流程,包括绩效评估、详细的运营备忘录和许多额外的正式会议。

---

① white shoe:"白鞋",本来是指20世纪50年代美国新英格兰地区上流社会的绅士,也指常青藤名校的学生必备的一款时尚休闲鞋——白色系带式、磨砂皮或软皮红底。华尔街顶级公司的合伙人都是常春藤联盟学校的毕业生,他们所在的公司被称为"白鞋"公司。现在通常形容超过一个世纪、信誉卓著、专做大生意的专业服务机构,如投资银行、律师事务所等,这些通常被称为"白鞋公司"(white-shoe firms)。但贝尔斯登不到一百年就成为华尔街的顶尖投资银行,但并不以常春藤名校毕业生为主要职员,体现了其逆势成功的特征。——译者注

② 罗宾·西得,凯特·凯利. 一年后:从传说中到被遗忘者[N]. 华尔街日报,2009-3-14.

●摩根大通和贝尔斯登的情况与卡特彼勒跟布塞勒斯的合并有很大不同。在卡特彼勒—布塞勒斯的交易中，每家公司的代表都被安排担任高级管理职务，在新合并的公司中逐渐融合了双方的文化。但在贝尔斯登的例子中，摩根大通立即接管了这家公司，从一开始就把收购方的企业文化和经营方式强加于贝尔斯登。但每一种形式的整合都适合于每一种特定情况的需要。在贝尔斯登的案例中：

（1）这是一个令人痛苦的事件。如果贝尔斯登没有一个拥有大量资金支持的更大公司迅速介入、收购和整合，它将无法生存。

（2）这就是华尔街。在这里每家投资银行都有一种强大的、彼此相互矛盾的文化，而且在历史上彼此之间都进行过激烈的竞争。融合这些文化需要很长时间，而且可能永远也不会奏效。

（3）这些公司需要迅速整合，以防止贝尔斯登和整个美国经济遭受金融灾难。摩根大通没有足够的时间做尽职调查。

（4）每家公司的首席执行官都很有头脑。需要明确的是，摩根大通占了上风，它是美联储救助计划后幸存下来的机构。摩根大通的强有力宣示行为包括：迅速将贝尔斯登更名为摩根大通，以及将贝尔斯登公司总部进行搬迁。这两个因素都清楚地表明了谁是真正的老板。

两个案例——卡特彼勒收购布塞勒斯、摩根大通收购贝尔斯登之间的对比，是两种截然不同整合风格的绝佳例证。这两个案例的成功之处在于：各家公司都在调整整合，以适应当前的形势。

以卡特彼勒为例，它是两家拥有不同文化但在市场上有着相同雄心的工业公司的合并，卡特彼勒可以采取一个渐进的整合过程，让参与两家公司合并的各方代表采取各自的最佳做法。

在贝尔斯登例子中，两家历史上激烈竞争过的公司合并，由于一家公司破产而利好另外一家公司。贝尔斯登的鲁莽导致了风险，并承受了灾难性后果。迅速而有力的整合是完全合理的，因此摩根大通将自己的品牌名称和经营方式强加给了需要立即被收购的企业。

总结

那么，做一笔好交易需要什么条件呢？虽然我们已经概述了一般性原则，但实际上取决于当时的情况。卡特彼勒收购布塞勒斯的交易与摩根大通收购贝尔斯登的交易截然不同,但他们都以自己的方式得以成功运行。这本书中所讨论的整合过程、跟着环境随机应变的能力,绝对重要。拥有做出艰难选择的远见卓识,将决定你和你的公司在并购中最终的成败。

我们可以继续讨论这种看似违反直觉的情况。在这种情况下，我们发现当前经济中债务水平和资产价值水平都接近于历史高位，但同时也处于一种全世界范围内都高度不确定的时代。在某些时间点上，这种趋势毫无疑问会给并购交易市场带来压力。我们在本书中尝试着说明，一个经过再三考虑和精心设计的并购，确实能够加速企业的成长，同时在这些交易当中一些常见的错误会反复重现。我们故意将十多年前的交易纳入与现在交易的比较，以表明无论当前经济环境如何，这些错误的影响都是十分巨大的。

在并购交易中，不稳定的经济环境使得交易执行的容错空间减少，并且给交易者躲避陷阱带来更大的压力。在未来，交易团队需要同时认识到当前的不确定性和过去失败的根本原因。历史早已表明，我们并不擅长于预测未来。谁在5年前能想到唐纳德·特朗普会当选美国总统？无论你欣不欣赏他。谁能预测到多数英国公民会投票支持英国脱欧？尽管如此，在达成并购交易时，我们还是会受到过去经验和对未来最佳预测的影响。

最近在一所大学的MBA项目授课中，我给一群处于职业生涯中期的学生开设"金融战略"课程。在花费一天时间讨论私募股权之后，一个学员提了一个无可避免的问题，"这段素材会出现在期终考试里吗？"在回避了这个问题之后，我告诉学生们，十年之后，他们可能不会记得我在这八周的课程内所教给他们的东西。但是，如果他们能够记住我所教给他们的3到5条理念，并且从现在开始的5年、10年乃至15年之后，他们能够将之运用到职业生涯或者个人生活当中去，那么我就算完成了这份工作！希望我在本书中能够给读者提供类似的观点。接下来我会提出自己认为的七个趋势，这些趋势将在未来3—5年内给并购交易活动带来最大的影响。

1. 来自多个群体（利益相关者）的压力与日俱增

1981年8月，通用电气当时的首席执行官杰克·韦尔奇表示，"通用电气的愿景是成为市场上第一或者第二的供应商，给股东以最大的回报"。事实上，当时几乎所有的上市公司都注重这个"最重要"的利益相关者的价值。毕竟，是股东而非他人将自己的积蓄交给管理团队，让他们将这些钱投资于公司运营，从而支付股利，以及更重要的，提供远超过股东初始投资的回报。那么，衡量回报的指标是什么呢？股价、现金流、每股收益、季度收入以及分红等，都可以成为管理团队寻求最大化的指标。人们已经投资了通用电气的股票，那么管理团队的责任就是使股价和投资回报尽可能最高。

在过去100多年的历史中，通用电气一直随着环境变化而重新调整其立场并做出改变。随着时间推移，其他的利益相关者如员工、社区、监管者、消费者以及环境等，都成了首席执行官们需要强调的重要群体。所以到了2009年3月,杰克·韦尔奇表示,"从表面上看,注重股东价值是世界上最愚蠢的想法,股东价值是一个结果,而不是策略……你的主要考虑群体应当是你的员工、消费者和产品"。这是一个全新的有趣视角,不仅仅用来审视如何运作公司,也可以用来审视如何达成一笔并购交易。

全世界已经发展到如此境界:诸如环境、监管者、员工和当地社区等其他关键因素都能对公司的现金流、每股收益及股价产生实质性影响,并最终对股东价值产生根本性影响。不仅仅是关注安全的环境和关心员工能够人尽其才,公司的长期价值更是牵系于你如何有效地强调这些群体的利益。

一个特别严重的例子是2010年4月20日英国石油公司的深水地平线号发生爆炸,导致49亿桶石油泄露到墨西哥湾中。想一想那时的英国石油公司首席执行官托尼·海沃德,在那一天不得不面对这一事件的如下利益相关者:

● 员工:当天11名员工在海上平台死亡;
● 环境:长达1 100英里的沿海湿地包括32个国家的野生动物保护区受到了破坏性影响;
● 社区:商业捕鱼量下降了20%,并且墨西哥湾的石油设备租赁保留率在泄露事件发生后的一年中下降了超过25%;
● 股东:虽然尚未完全解决,英国石油公司估计处罚费用、罚金以及和周边国家政府的和解费用,诸如此类的费用总额将达到600亿美元!即使公司已经覆盖掉了这些费用的一部分,但是英国石油公司的市值在灾难发生的100天内,还是蒸发了703亿美元或者说下降了59%!

这个事件是有史以来最具挑战性和戏剧性的事件之一。相较于从前,首席执行官们和董事会每天面临着和广泛的群体较为缓和的协调。较为困难的是,不同群体的利益诉求不可能完美地一致。尝试着让各方的利益诉求尽可能一致,是非常困难的。在保持稳健的公司财务状况和为股东持续盈利的同时,平衡对员工公平的薪酬和补偿是非常重要的。在保持市场竞争力的同时,保持监管合规成本与需求之间的平衡,以及和其他重要群体的交易等,则不在本书的讨论范围之内。但是,我们可以确信的是,上述因素都将成为首席执行官们实现商业战略以及并购交易策略的驱动因素,这些商业战略和并购交易策略,将用以支持实现企业的目标。

2. 活跃的股东

上市公司主要股东中的活跃者,已经并且将继续对公司高管和董事会施加影响力。大多数的活跃股东认为,凭借他们对公司的大量投资,他们有权利通过非正式方式或者正式的方式——即参与公司董事会中,以扮演询问角色的方式,参与到公司重大决策中。近年来,活跃的股东们开始频繁参与诸如公司战略、董事会组成、合适首席执行官人选、股利政策,乃至公司的并购交易策略等。

2017年,一家名为艾略特管理公司的美国对冲基金在荷兰涂料集团阿克苏·诺贝尔公司中占据了9.5%的股份。尽管存在这样重大的持股利益关系,艾略特仍旧未能说服阿克苏的董事会同意由美国涂料供应商PPG发起的价值270亿美元的并购方案。该对冲基金相信在这样的报价下,接受并购的价值远高于公司坚持其长期独立成长战略的价值。质疑者认为艾略特之所以不遗余力地推动并购交易,是因为他们想在对阿克苏的投资中获得短期且高额的回报。这是一种对积极投资者较为常见的批评,认为他们的投资期限非常短,价值判断和公司其他股东、管理层以及董事会不一致。

在这个案例当中,管理层成功地抵制了由艾略特和其他几位股东所支持的PPG的全资收购提议。但是,在成功拒绝的背后,也对公司产生了其他影响,诉讼接踵而至。对于管理层拒绝收购做法持不同意见的股东,包括艾略特在内,要求罢免阿克苏的董事会主席。为了平息分歧,管理层最终同意出售其化工部门,并将出售收入中的一部分(高达16亿欧元)作为股息发放给股东,更换首席执行官并对公司监事会做出了一定变动。

这个案例很好地说明了大股东们与日俱增的影响力,主要体现在对公司管理的诉求上。并购交易作为通常公司非常重要的事宜,活跃的股东们是非常需要在并购决策上发表自己意见的。首席执行官们并不能假设所有的利益相关者群体都会简单地赞同他们的购买计划,或者与他们对于被并购的态度保持一致。这些活跃股东们的影响力将会继续增加,且在并购交易中他们的意见必须被充分考虑。

3. 从多元化到专一化的趋势

一个综合性大企业是指单个企业经营范围同时涉及了多个行业和产品生产线。总部为新泽西州并长期占据世界500强地位的强生公司,就是一个典型的综合性大企业例子。强生公司的生产部门和产品线从消费者健康管理、医疗设备、制药等均有涉及。最为流行的支持综合化大企业的观点是,综合性大企业为单一行业的股票提供了风险分散。通过在不同的国家拥有不同的产品,一个综合性大企业很难受到单一经济或者行业衰退的影响。比如,如果强生的"露得清"皮肤产品部门表现不佳,可能生命科学的血糖测试仪生产线正在扩张。这些产品所对应的需求群体不同,各部门业绩之间的相关性不高,从而减轻单一产品市场对企业造成的影响。

综合性大企业还能为管理层提供利用不同部门之间协同效应的机会。强生的婴幼儿护理部门可能与其皮肤毛发护理部门拥有一些相同的顾客或者技术。通过在同一消费群体进行营销，强生公司会使这些消费者关注相邻生产线的产品，从而使每一美元的营销效果更高。围绕同一生产方式的技术可以在不同产品线中分享从而降低成本。通过推动实现跨部门的采购、技术、税务规划或人力资源的企业制度组合，只需很少的增量成本，就可以实现规模经济。

最后，强生的品牌具有重要的声誉价值，可以在多个产品线中广泛传播，并为那些子品牌如 Band-Aid 和 Tylenol 提供立时见效的信用。

然而，随着金融市场发展成熟，投资组合多元化变得轻而易举而且耗费低廉。现在，投资者可以通过投资不同行业的专注单一的公司组合来分散行业风险。脸书（Facebook）就是一个很好的专注单一领域的公司案例。至少现在，脸书公司的产品线仍旧专注于社交媒体的某些方面。另外，像谷歌这样起步于搜索引擎的综合性大企业已经进入如此多的行业，以至于它创造了一个新的股票名称阿尔法贝塔（Alphabet）来包含所有谷歌已经涉及的行业。

目前有多种观点支持单一领域公司，反对综合性公司。其中一种比较有说服力的观点是：管理一个复杂的综合性企业会导致管理团队之间的分歧。这种观点认为：在面临公司不同方面的决策——如投资一家搜索引擎公司、进行自动驾驶汽车业务、开展大型保险业务的收购等，一位典型的首席执行官或者董事会如何做出明智的决定？回望过去十年，商业、技术以及产品线变得越来越复杂，需要更为专业的技能来充分评估。找到一个精通多个行业的首席执行官，并且他还需要同时具备领导力和商业头脑，以便能够站在整个公司的层面进行决策，确实是一件非常困难的事情。

一个相关的观点认为，综合性企业的股票价格往往是被低估的，这是因为对于股票分析师来说，要同时了解多个复杂行业是一件困难的事情。这种将各个部分综合起来、作为一个整体的估值结果，无可避免地要低于将各个部分独立加总的估值。当复杂的金融市场允许投资者通过将离散的单一领域企业集合起来，投资创建自己的行业组合时，为什么还要去考虑投资综合性企业并承担其复杂性、公司间接费用和估值问题呢？

无论是投资综合性企业的观点还是投资专注于单一领域企业的观点，都可以找到大量的优秀案例来支持。然而，目前这种倾向于专注单一领域公司的趋势，我认为在未来可能会成为阻碍并购交易活动的因素之一。从公司的角度来看，综合性企业从过去到现在都是概率最大的潜在收购者，他们往往通过并购交易来进入一个新的市场或者行业。如果综合性企业不被认可，管理层就会减少并购交易，转而关注其核心业务所在的领域。所以，目前的趋势可能会促使类似阿克苏这种全球多元化生产企业的撤资行为，尤其是在这些企业的非核心业务领域，活跃的股东们会要求管理层抛售非核心业务部门。

4. 在跨国交易中与日俱增的国家主义

在第 6 章所讨论的卡夫—吉百利并购案就是首批在交易中浮现出国家主义情绪的跨国并购案例之一。由约翰·吉百利在 1824 年创办的吉百利公司，是英国一家古老的糖果公司，它将被美国大型综合食品集团卡夫所收购。尽管这宗交易最终得以完成，但是在交易的前后，英国方面均出现了一些担忧。一些英国人士认为不应该使这家英国最宝贵的公司之一落入到美国人手中。这个案例也是说明管理不同企业的困难性案例之一。在这项交易完成之后，卡夫因关闭了在撒莫代尔的一家大规模工厂而受到英国方面的严厉批评，这家工厂的关闭导致当地减少了 400 个就业岗位。这是一个试图平衡各方利益的经典案例。在这个案例中，由于在英国之外的地方生产能获取更低的成本，企业降低成本的办法就会提高一个利益相关方（本案例中是股东）的利益，与此同时该行为则会损害另一个相关方（本案例中是当地社区）的利益，而吉百利在过往的数十年中一直在该社区设立工厂进行生产。

我完全相信，在可预计的未来，由外国投资者购买东道国国内资产的紧张局面仍将持续。不管对错，国家都将变得倾向于民族主义以及越发担忧在境内发生的一切。另外一个对于境外收购境内资产日益敏感的国家就是德国。2016 年一项金额为 35 亿欧元并购案（由中国的家电制造企业美的集团发起的收购德国最大机器人制造企业库卡）——搅动了全德国的担忧，德国人担心为了换取资金而给出了德国最先进的制造技术。更近一点的时候，第二个交易，中国的福建宏芯基金收购德国芯片制造企业爱思强的计划被延迟，原因是德国政府出于对关键技术的保密性担忧，而展开了对这一交易的合规审查。

让我们再进一步展示这些国家的担忧。在 2017 年 7 月，德国扩大了政府权力，单方面关闭了外国并购的渠道。德国政府已经有这个权利——终止欧盟外的公司收购任何一家德国公司超过 25% 的股权，如果该交易"危害了公共秩序或者国家安全"。但德国内阁下达的最新指示，将这些调查的权利扩展到了任何涉及"关键基础设施"的并购交易，这些设施包括用于发电厂、能源和供水网络的软件，以及电子支付、医院、交通系统、先进的防御技术及监视设备的软件等。德国经济部长布雷格·茨伯斯（Brigitte Zypries）表示德国公司经常被迫与那些总部在经济体系开放程度低于德国的国家企业进行竞争，因而目前扩展的监管政策，能够更好地保护涉及关键基础设施的德国公司。[①]

我认为这种民族主义压力不仅仅出现在欧洲,也同时出现在北美和亚洲。在一个较为敏感的政治环境中,全球范围内关键行业处于扩张之中,资金充足的公司和私募股权基金都会增加对于潜在大型跨国收购的兴趣,但同时激起被收购方东道国内对于此类收购的抵触。

5. 越来越强调运营能力

在任何一项大型交易中,一群人(包括投资银行、律师、咨询人员、会计师在内)通过安排低成本融资、设计复杂税务结构和长期策略来最大化公司价值,从而最大化交易价值。然而,在上述方面被详细设计安排的同时,交易参与者们并没有足够重视积累交易完成后运营公司的能力。技术专家们可能专精于他们所从事的领域,但普遍不掌握如何运营任何公司。运营一家大型企业和构造一个典型的并购交易,是完全不同的两码事。一系列与交易所需的完全不同的能力必须考虑进来。一旦交易结束,诸如领导力、执行力、说服力和速度等因素,远比交易构造以及税务筹划更为重要。

很多公司开始转变,在交易结束后的整合方面和交易结束前的谈判及构架方面,投入等同的关注度。这对一桩高效的交易是非常关键的。以往,那些并购交易人员在签完合同之后迅速结束交易并开始下一单,留下了可怜的整合人员和一大堆他们完全没有做好准备的任务。让整合人员从交易的一开始就参与进来是非常重要的,这样整合人员就能了解目标企业的管理团队、在尽职调查中发现的问题以及交易成功的关键因素。确实,很多最好的收购者都会有一个 100 天的整合计划,详细列出了参与角色、责任以及交易结束后的阶段性目标。

潜在基本面良好的公司将会继续变得更加昂贵,因为对目标公司的需求仍大于供给。如果交易团队期望达到并购目的,那么对于交易结束后的公司运营所留的容错空间就更少了。优秀的收购者开始意识到这点,具有营运能力的人才在并购交易行业正变得越来越重要。

6. 私募股权基金在并购交易中的影响

在过往的 20 年里,私募股权基金行业的崛起,对并购交易市场有着唯一的非常基础性影响,并且我认为这一影响在未来也不会发生改变。在一个私募股权基金的构造里,投资者(通常被称为"有限合伙人",即 LPs)将他们的资金交给私募股权管理企业(通常被称为"普通合伙人",即 GPs)来投资一系列的公司组合。有限合伙人通常是大

[①] 戈亚·查兹. 德国增加了对外资收购的审查权力[N]. 金融时报,2017—7—13.

型养老基金、捐赠基金或者主权财富基金,拥有大量的现金来为所代表的群体进行投资,也有义务将这些资金做出明智的投资决定并带来长期的回报。

这类私募股权基金将有限合伙人的出资汇聚到一起并投入一个基金结构中,向每一个有限合伙人收取出资额的1%—2%作为管理费用。基金通常会持有被投公司3—5年,尽力提升运营能力、重组债务、提升管理能力或者向新兴市场扩张。当出售投资组合中的公司并获取收入时,私募股权管理企业通常会收取盈利中超过门槛回报率(hurdle rate)部分的10%—20%,并将剩余的盈利分配给有限合伙人。

对于私募股权机构和他们的有限合伙人来说,这种模式经过时间考验是非常有效的。根据Preqin[①]另类资产研究机构的数据,私募股权基金在上一个10年里平均给投资者带来了8.3%的内部收益率——可能是所有大类资产里面表现最好的。截至2016年6月30日的12个月内,剑桥协会报告称私募股权基金的投资者们享有大约6%的内部收益率,相比较看,同期的标普500指数仅有4%的回报率。私募股权管理机构是非常欣喜的。由于基金的回报率一直超过向投资者承诺的最低回报率(即门槛收益率),因此基金管理者们一直享有1%的管理费用和高昂的超额回报。而有限合伙人们也很开心。即使向私募股权管理者支付了大量的费用,有限合伙人们获得的回报率依然远超其他投资的大类资产。

尽管有限合伙人们仍旧会投资其他产品如股票市场、房地产、风险投资或者固定收益证券,私募股权的吸引力是难以忽视的。因此,养老基金分配给私募股权类资产的金额规模近年来一直在上升。尽管具体的有限合伙人形式有所不同(如家族信托、保险公司、捐赠基金等),通常这些有限合伙人总资本的5%—10%会分配给私募股权产品,并且伴随着每年投资总额的上升而上升。由Preqin在2016年完成的一项关于有限合伙人的调查表明,92%的受访者计划未来保持或者增加在私募股权产品的配置额度。

所有的这些都导致了私募股权机构的数量和他们所管理资本(asstes under management,AUM)规模的激增。到了2017年年中,私募股权融资水平处于金融危机爆发前的繁华时代的最高点。在2017年的前7个月,在北美和欧洲私募股权基金和风险投资基金募集了超过2 400亿美元的资金。根据一家数据供应商Pitchbook的报告,上一次私募股权基金在相同的时间段募集到如此规模的资金还是在2007年。这使得在2017年年中时,可用于投资的资本总额(被称为"弹药",dry powder[②])超过了8 000亿美元。

---

① Preqin是一家国际著名的私募股权和另类资产的数据分析商,总部位于英国伦敦,网址 www.preqin.com。——译者注

② dry powder,是私募股权投资领域的专用词汇,意思是指基金拥有的资金投资能力。——译者注

最后根据 Preqin 的报告，私募股权公司总共管理了 25 000 亿美元的资产。

如前所述，在很长一段时间内，我们拥有最具流动性的债务市场，成本低廉、契约宽松，这一切使得私募股权更具有购买力。Pitchbook 的分析师迪兰·考克思认为，"私募股权基金和风险投资公司继续在募资活动中取得巨大成功，继续增加他们已经非常庞大的投资金额。这两类资产都没有显示出任何放缓增长的迹象，可能会推高估值，使交易处于不稳定的状态。"[1] 所有的这些现象，给私募股权投资带了巨大的压力，即他们不得不稍微多付一些钱来进行投资。有限合伙人们已经把费用给了私募股权投资机构，只为让他们进行投资。事实上，有限合伙人每年要将他们出资总额的 1%—2% 支付给私募股权管理机构作为管理费用，私募股权基金必须在成立后的 3—5 年内完成投资，在投资阶段会产生主要的管理费用。

所以，上述这一切的结果，会使我们预计在未来看到什么？

● 更高的并购价格。根据贝恩（Bain）咨询公司的观点，以目标公司现金流量倍数来衡量交易价值，相较于前 8 年平均 9 倍的数据，2016 年后半段的并购交易价值已经达到了目标公司现金流量的 11 倍。很明显，收购的压力已经达到了 2008 年大萧条以来我们所没有见过的高水平。[2]

● 规模庞大的基金。从有限合伙人那里获取的富余资金已经导致了更多的基金数量和更加庞大的基金规模。比如，阿波罗全球管理机构（Apollo Global Management）在 2017 年 6 月募集了规模达 235 亿美元的单只基金。

● 更大规模的交易。在上一个并购交易周期的绝对峰顶，KKR 同意以 450 亿美元的价格收购总部位于得克萨斯州的一家能源企业 TXU。但是，这家公司最后以失败告终，在 2014 年破产清算并在之后被分割出售了。私募基金仅收回了他们投资额的一小部分。即使部分大型交易完成得非常好，但像这种风险高度集中的单笔交易，确实使得市场整体风险加大。目前，并购市场尚未达到金融危机前最大的并购交易规模，但是单笔交易规模又一次上升了。我认为这种趋势将会继续，毕竟在更大的交易中，才能较为简单地快速投入资本。

● 更多企业进入私募股权基金领域。由于缺乏供给，许多对私募股权基金感兴趣的养老金计划和捐赠基金被排除在私募股权基金市场主要参与者的新基金产品之

---

[1] 阿川科塔·穆尼. 并购基金的融资规模达到十年的顶峰，但收购目标在缩小[N]. 金融时报，2017-8-17.
[2] 现金正在堆砌[N]. 华尔街日报（"街上的见闻"栏目），2017-8-28.

外[①]，因而新私募机构的首只基金将会变得越来越受欢迎。大多数由早已名声在外的管理机构发起的基金产品都会被超额认购，这就意味着很多想要认购基金的投资者并不能如愿以偿。这迫使有限合伙人们去寻找其他的基金产品来满足其对私募股权基金类资产的配置需求。这样就允许那些建立时间不长甚至是首只产品的基金能够募集到资金，这类基金没有较为久远的投资记录，但是确实拥有一支优秀的投资团队，而这些团队往往是从那些有名的基金公司里跳槽出来的。

7. 业务能力的重要性

在并购交易当中，寻求资源的能力、谈判的能力、构造交易的能力以及整合企业的能力，都非常关键，并且未来只会变得越来越重要。无论你是正在审阅一桩并购交易议案的董事会成员、制定并购交易策略的首席执行官、正在做交易的人，抑或是正在渡过整合期的目标公司雇员，对并购交易的基本原则有所了解，都是非常关键的。或是作为一名养老基金或者捐赠基金的投资经理，对并购市场、交易成功的驱动因素、交易中应当注意陷阱的敏锐认知等，能够提高你为客户带来的收益。

由于之前所阐述的原因，并购交易市场会愈发迅速的增长，甚至会成为上市公司、非上市公司和私募股权基金行业等战略中不可或缺的一部分。一个成功收购者的管理团队，从交易分析师到首席执行官，都应当知道交易的核心问题是什么。随着董事会开始寻求提升企业管理团队的能力，以应对充满不确定性的世界中日益激烈的商业竞争环境，对这些专业业务能力的需求越来越高。例如，最近宣布任命的优步（Uber）首席执行官戴拉·科索罗沙希（Dara Khosrowshahi），就以在并购市场中坚定的交易者而闻名。作为Expedia[②]的前首席执行官，科索罗沙希积极利用并购交易来帮助公司进入新的市场。由于并购交易对于优步公司来说是一个重要的获取技术以及扩展新区域市场的重要渠道，这是优步对于其首席执行官一项重要的要求。

在本书当中，我们分析了从20年前到最近6个月之内的并购交易案例，但是主题都是大致相同的。现在及未来都会有很多优质的并购交易，我们有充分的理由来期盼这些交易。但是，并购领域同样充斥着各种重蹈覆辙的案例。了解交易当中关键的原则以及如何能够确保取得积极成果，是至关重要的。希望本书能够为读者提供一个较为清晰的概述，以及诸多实际的案例来佐证本书的观点。

---

① 私募股权基金作为一个私募市场，基金投资者（LP）往往和基金管理者（GP）、销售商等保持私密的联系，因此，有名GP的基金募集往往局限在一个小范围的投资者中，并且很容易就完成资金筹集。而新的LP很难投入到成功GP的新基金中。——译者注

② Expedia，美国著名的在线旅游公司。

附录 A：三一国际/美国公共媒体集团并购案例中的重大不利条件变更条款（MAC）

重大不利影响，是指对整体收购资产的重大不利影响。前提条件是不包括来自以下因素的重大不利影响：(1)影响无线电广播行业的一般因素；(2)一般国家、地区或者地方经济的竞争以及市场条件；(3)政府及立法机构出具的法律、规章或者条例；(4)购买方或者其代理人的任何不利行为。[①]

---

① 三一国际与美国公共媒体集团达成的资产购买协议条款，2007年9月24日。

附录 B：美国银行/美林证券并购案例中的重大不利变更条款（MAC）[①]

3.8 需要避免的重大变化或事件

(a)从 2007 年 6 月 28 日起，未发生过任何已经或者合理预期将对公司产生重大不利影响的事件，无论是从个体方面还是群体方面。根据本协议，"重大不利影响"一词是指，对母公司或者公司本身（视情况而定）：(1)对该方及其子公司作为一个整体的财务状况、经营结果或者业务产生重大不利影响。但影响被认定的前提是，就此(1)条款而言，"重大不利影响"不应视为包括下列几个方面的影响：①在此日期后，任何能够影响该公司及其子公司经营所在行业的会计准则或者会计核算规则方面变化的影响；②在此日期后，任何能够影响该公司及其子公司经营所在行业的法律、规章及条例抑或政府部门对于法律、规章及条例的解释文件变化的影响；③在另一方事先书面同意或本协议明确要求的情况下给出的作为或者不作为；④全球、国家或者区域政治条件（包括恐怖主义或者战争行为）的变化，或一般经济或者市场条件的变化，该变化包括在美国及外国市场上的一般利率、货币汇率、信贷市场以及价格水平抑或交易量的变化，在上述每种情况下该变化能够影响当事方及其子公司经营所在行业，同时该变化还包含因该变化产生的对过往资产的追溯调整影响；⑤未能实现盈利预测，但不包括潜在的原因或者；⑥当事方普通股交易价格的变化，但不包括造成该变化的潜在原因。就情形①、②和④而言，若该变化引起的当事方及其子公司的财务状况、经营结果或者业务的变化相较于同行业的其他公司而言不成比例，则此变化也不在所列范围之内；(2)对该方按照合约规定及时完成交易的能力造成重大不利影响。

(b)自 2008 年 6 月 27 日起，直至并包括本协议签署之日，本公司及下属子公司在各自的经营业务上均按照过往的惯例正常经营重要业务。

(c)自 2008 年 6 月 27 日起，直至并包括本协议签署之日，本公司及下属子公司

---

① 这里的重大不利变更条款，主要是指美林证券在协议签署后不得发生的重大变化。——译者注

(1)除①为员工[除符合"证券交易法"第16条(a)节报告规定的人员("高级管理人员")之外]在正常业务流程中制定的正常费用增加或支出的费用之外,②且该费用的制定与过往惯例或者合同义务要求相一致,均未增加以工资、薪酬、养老金及其他任何附加的福利或者津贴形式支付给任意一名任命在2007年6月28日以后生效的高管、员工或是董事的费用,均未给予任何遣散费用或者解雇费用,均未执行任何给付遣散费或者解雇费的合同[在不同情形下,除非是已经达成的支付遣散费或解雇费的合同(在不同情形下,在本合同生效日期之后,除按照并购协议或者公司信息披露方案中3.11节所列的遣散计划的要求之外)],亦均未支付任何超过1 000 000美元的非常规年终奖金的现金奖励,更非根据现行公司财务计划向财务顾问支付的每月奖金;(2)均未给予任一公司高管、雇员或者董事任何本公司普通股的股票期权,任何本公司普通股中的限售股以及购买本公司股本份额的权利,抑或任何获取基于本公司普通股股票价值报酬的权利,此类支付不包括按照过往惯例在公司正常业务流程下根据公司股票计划给予员工(除公司高层管理人员以外)的上述期权、股票或者权利,也不包括赠予个人的与公司股票相关但总价值低于100万美元的赠款;(3)均未更改公司或其子公司能够影响资产、负债或者业务的会计核算方法、原则或者惯例,包括任何保留、更新或者剩余的会计核算方法、规则或者惯例;(4)均未遭遇任何罢工、停工、怠工以及其他劳动力干扰事件;(5)除已公开披露派发的公司普通股和优先股股息以及向全资子公司的分配外,均未向股东提出以及宣布分配现金或者其他形式的分红或回购股份以及其他形式的权益。①

---

① 美国银行与美林证券并购合约,美国证券交易委员会的披露文件。